Daria Rizzello

111 Orte in Apulien, die man gesehen haben muss

111

emons:

Bibliografische Information der Deutschen Nationalbibliothek
Die Deutsche Nationalbibliothek verzeichnet diese Publikation in der Deutschen Nationalbibliografie; detaillierte bibliografische Daten sind im Internet über http://dnb.d-nb.de abrufbar.

MIX
Papier | Fördert gute Waldnutzung
FSC® C083411

Covergestaltung: Karolin Meinert
Lektorat: Julia Lorenzer
Gestaltung: Eva Kraskes, nach einem Konzept von Lübbeke | Naumann | Thoben
Kartografie: altancicek.design, www.altancicek.de
Kartenbasisinformationen aus Openstreetmap,

Druck und Bindung: CPI – Clausen & Bosse, Leck
Printed in Germany 2024
ISBN 978-3-7408-1860-9

Vorwort

Apulien, die Region am Stiefelabsatz Italiens. Kommt aus diesem Teil des *Belpaese* nicht der Wein Primitivo? Stehen in Alberobello nicht die kleinen, putzigen Rundhäuser namens *trulli*, und werden in den Straßen Baris nicht die Öhrchennudeln, die *orecchiette*, hergestellt? Ja, dies und noch viel mehr bietet *la Puglia*. Dass es sich hier gut leben lässt, wusste schon der Stauferkaiser Friedrich II., der im 13. Jahrhundert die Aussicht auf sein Reich vom achteckigen Castel del Monte aus genoss.

Apulien kann vom Gargano, dem Sporn im Norden der Region, bis nach Santa Maria di Leuca und von Otranto bis Tarent über seine rund 800 Kilometer lange Küste erkundet werden. Idyllische Buchten, grün schimmernde Grotten und feine Sandstrände locken. Oder machen Sie es wie der Musiker Lucio Dalla und tauchen Sie ein in die quirlige Unterwasserwelt der Tremiti-Inseln.

Im Landesinneren geht es vorbei an knorrigen Olivenbäumen nach Galatina, wo das köstliche Schlamassel, der *pasticciotto*, erfunden wurde. Die Städte Foggia und Lecce erzählen von berühmt gewordenen Persönlichkeiten, und Dorfkirchen beherbergen magische Steine und Brunnen, aus denen heilendes Wasser sprudelt. Neben Italienisch wird im kleinsten Dorf Apuliens Frankoprovenzalisch gesprochen, und in Calimera heißt es auf Griechisch: »Kaliméra, willkommen im Salento!«

Benvenuti in meiner zweiten Heimat, die immer wieder aufs Neue fesselnde Geschichten erzählt, von Menschen, die das Gebiet bewohnten und jenen, die es heute gestalten, von Traditionen und Legenden, von kulinarischen Köstlichkeiten und von architektonischen Sehenswürdigkeiten. Lassen Sie sich mit dem vorliegenden Buch an 111 faszinierende Orte der Region zwischen dem Ionischen und dem Adriatischen Meer entführen.

111 Orte

1 Das Caffè Ronchi Striccoli

Padre Peppes Heilmittel

Altamura, die *città del pane,* liegt auf der Murge-Hochebene und ist italienweit für ihr krosses Brot bekannt. In der Puratos-Sauerteig-Bibliothek im belgischen »Center for Bread Flavour« in Sankt Vith ist sogar eine Probe des Teigs archiviert. Friedrich II., der Apulien im Mittelalter regierte, begründete zu Beginn des 13. Jahrhunderts die zuvor von den Sarazenen zerstörte Stadt neu. In den für Altamura typischen *claustri*, dem Gassensystem, lassen sich unzählige Bäckereien ausmachen. Wer sich traut, kann auch einen Blick in versteckte Backstuben ohne Beschilderung werfen. Stets wird es heißen, dass das beste Brot Altamuras in diesem *panificio* gebacken wird. Bei so einer Ansage kann man eigentlich gar nicht anders, als sich durchzuprobieren.

Die Stadt besitzt allerdings eine weitere Spezialität aus der Welt der Kulinarik: Padre Peppe. Die Geschichte dieses Walnusslikörs geht auf den Kapuzinermönch Giuseppe Ronchi zurück, der Ende des 18. Jahrhunderts an einem Mittel gegen die Leiden des Körpers und der Seele experimentierte. Heraus kam ein 42-prozentiger Likör, der noch heute in ganz Italien getrunken wird.

Das Caffè Ronchi Striccoli direkt neben der Kathedrale Santa Maria Assunta erinnert noch immer an die Familie Striccoli, die den Likör seit 1832 produziert und zu seinem Erfolg beigetragen hat. Wie für einen guten Nusslikör üblich, werden auch bei der Produktion des Padre Peppe in der kürzesten Nacht des Jahres die unreifen grünen Walnüsse gesammelt und verarbeitet. Vier Jahre lagern sie in Eichenfässern.

Neben der klassisch dunkelgrünen Flasche des Padre Peppe Elixir gibt es inzwischen drei weitere Versionen des Likörs. Sowohl die cremige als auch die zuckerreduzierte und die blumige Variante haben ihre Anhänger gefunden. Denn sie alle halten das Versprechen, ein hervorragender Trunk für das Wohlbefinden zu sein.

Adresse Corso Federico II di Svevia 73, 70022 Altamura | Anfahrt 50 Kilometer westlich von Bari, über die SS 96 | Öffnungszeiten täglich außer Di 8–13 und 16–22 Uhr | Tipp Vor oder nach der Verkostung des Padre Peppe verdient das Löwenportal der Kathedrale Santa Maria Assunta direkt neben dem Caffè Ronchi Striccoli Beachtung.

2 Die Grotte

Blaue Flagge, grünes Wasser

Die wohl bekannteste Grotte Italiens ist die *Grotta Azzurra* auf Capri. Das blaue Licht lockt viele Besucher, die dafür bezahlen, auf Booten in die Grotte gefahren zu werden. So auch Heidi Klum, Tom Kaulitz und ihre Gäste im Jahr 2019. Die Hochzeit des Promi-Paares war der Anlass für den Aufenthalt auf der Insel. Auch einen Sprung ins blau schimmernde Wasser konnte sich die Hochzeitsgesellschaft nicht verkneifen. Doof nur, dass das Baden in der Grotte seit Jahren strengstens verboten ist und auch strafrechtlich verfolgt wird.

Gänzlich unbestraft und kostenlos können sich hingegen Badende in Marina di Andrano in die dortige grüne Grotte begeben. Den Eingang findet man vom Meer aus leicht. Man folge einfach den schwimmenden und schnorchelnden Menschen. Ja, in die *Grotta Verde* darf man hineinschwimmen. Kein Boot, kein Verbot.

Es gibt auch einen zweiten Eingang. Der ist ideal für Besucher, die trocken bleiben wollen. Am linken Rand der Felskonstruktion geht es durch einen natürlichen Tunnel in die Vorhöhle der Grotte. Badeschuhe helfen, den kurzen, aber glitschigen Weg zu bestreiten. In der Ferne leuchtet es smaragdgrün. Besonders in den Morgenstunden funkelt es wie in einem Märchenwald. Durch die Reflexion des Sonnenlichts schwappen türkisfarbene Wellen durch die Grotte. Die Faszination dieses Farb- und Wasserspiels ist an dieser Stelle einzigartig.

Gemein haben Capri und Marina di Andrano die Auszeichnung mit der Blauen Flagge. Dieses Umweltzeichen der »Foundation for Environmental Education« bestimmt jährlich die Badeorte, die sich unter anderem durch besonders sauberes Wasser auszeichnen und über eine gute Infrastruktur verfügen. Die Vergabe der *Bandiera Blu* wird in Italien jedes Jahr gespannt erwartet, und manche Urlauber richten ihren Sommerurlaub nach der Flagge aus. Apulien ist diesbezüglich schon seit Jahren in den Top Five der italienischen Regionen vertreten.

Adresse Via Amerigo Vespucci, 73032 Andrano | Anfahrt 25 Kilometer südlich von Otranto, über die Küstenstraße SP 87 und die SP 358 | Tipp Andrano liegt an der Via Francigena Sud. Dieser Teil des Pilgerwegs führte nicht nach Rom, sondern von Rom zu den Küstenstädten Apuliens, wo man sich einschiffen konnte, um ins Heilige Land zu gelangen. Er kann zu Fuß oder mit dem Rad angetreten werden (www.viefrancigene.org).

3 Das Confetti-Museum

Süßer die Glocken nie klingeln

Schon einmal von Paul Demuth gehört? Nein? Nun, seine Erfindung hatte wohl jeder schon mal in der Hand. Der Brandenburger gilt als der Vater des Wurfkonfettis. Und was hat dies nun mit Apulien zu tun? Ganz einfach, Giovanni Mucci fing fast zeitgleich in Andria an, ein Produkt namens *confetti* herzustellen. Und diese in Apulien produzierten *confetti* haben einen großen Vorteil: Sie schmecken köstlich.

Klein, rund und bunt wie die Papierschnipsel, die im Karneval oder bei Geburtstagen zum Einsatz kommen, sind die gleichnamigen Dragees, die man in Italien zu besonderen Anlässen verteilt. Das Gastgeschenk, bestehend aus Mandeln, die mit Schokolade oder Zucker überzogen sind, gibt es zur Taufe, zur Erstkommunion, zum Studienabschluss, oder sie werden anstelle von Reis auf das frisch vermählte Hochzeitspaar geworfen. Das Werfen der essbaren *confetti* war früher während des Karnevals üblich, erst Ende des 19. Jahrhunderts wurden sie durch Papierkonfetti ersetzt.

Palim-Palim, die Türklingel signalisiert das Eintreten in das »Museo del Confetto«, und schon werden die Besucher von Vanille-, Bergamotte- und Schokoladenduft begrüßt. Am Tresen voller Dragees möchte man sofort haltmachen. Es gibt sie in allen Farben, in Hellblau und Rosa, in Gold und Silber, mit Leopardenmuster und mit personalisierten Aufschriften. Bei der Führung wird erklärt, dass *confetti* nicht gleich *confetti* sind. Doch der Unterschied zwischen Dragees und Bonbons wird zur Nebensache, wenn die lange Auslage, die mit bunten Tütchen, Päckchen und gläsernen Vorratsdosen bestückt ist, wieder in Sicht kommt. Jetzt ist die Hoffnung groß, dass sich die Abbildung über einem an der Decke realisieren möge. Ist das etwa die Göttin der *confetti*, die mit Hilfe von Engelchen und Friedenstauben die Spezialitäten von Mucci verteilt? Ja, sie ist es! Die prall gefüllten, duftenden rosafarbenen Tüten sind der Beweis.

Adresse Via Museo del Confetto 12, 76123 Andria, www.museodelconfetto.it | Anfahrt 15 Kilometer westlich von Trani, über die SP 130, der Beschilderung zum Museo del Confetto folgen | Öffnungszeiten Mo – Sa 8.30 – 13 und 17 – 21 Uhr, So 10 – 13 Uhr; Führungen auf Italienisch, Englisch, Französisch und Deutsch nach Voranmeldung unter Tel. +39/0883/591871 oder +0039/388/60217 | Tipp In der Stadt der Burrata muss diese Käsespezialität auch probiert werden. Die beste, so sagt man in Andria, bekommt man im »Caseificio Asseliti Domenico e De Fato« in der Via Antonio da Villa 8.

4 Die Skulpturenstraße

Leichter Marmor

Der Legende nach soll der Stauferkönig Friedrich II. sehr gern in diesem Dorf gewesen sein. Er soll Jagden in den dichten Wäldern organisiert und spektakuläre Festmahle ausgerichtet haben. Insbesondere Wildschweine seien in beiden Fällen involviert gewesen. Daher der Name Apricena, der sich vom lateinischen *apri coena* ableiten lässt, was so viel bedeutet wie »Wildschwein-Abendessen«.

Neben dem »Tirriolo«, dem Jagdschloss des Kaisers, ist die Stadt für ihren beigefarbenen Marmor bekannt. Dieser prägt die Landschaft und das Stadtbild. Apricena liegt zwischen Kalksteinbrüchen, die gleichzeitig immens hoch und ausgesprochen tief sind. Hier wird das Gestein gewonnen, das später zu Arbeitsplatten, Treppen, Tischen und Fußböden weiterverarbeitet wird. Da das Material zur Genüge vorhanden ist, wird es auch für die Gestaltung der Altstadt verwendet. In Form eines Open-Air-Museums lassen sich entlang der Via Roma im Zentrum unzählige Kunstwerke und Statuen entdecken.

Für eine Dauerausstellung in der Fußgängerzone wurden im Jahr 2019 vier gleich große Apricena-Blöcke vier Bildhauern zur Verfügung gestellt. Die Kunstwerke könnten unterschiedlicher nicht sein, doch haben sie eins gemeinsam: Von der Schwere der großen, klobigen und schroffen Kuben ist trotz ihrer beachtlichen Dimension nichts mehr zu sehen.

Jedem der vier Künstler ist es gelungen, die Leichtigkeit des Marmors darzustellen. Besonders Francesco Granitos Werk, eine riesige Feder aus Marmor, verzaubert und verwundert den Betrachter. Wie bei einer echten Vogelfeder wird der Passant dazu verleitet, das Kunstwerk berühren oder ihm Aufwind zupusten zu wollen. Generell haben viele Arbeiten des Künstlers eine Verbindung zum Thema Leichtigkeit. So hat der in Apricena geborene Bildhauer der Feder eine eigene Reihe gewidmet, die den Namen *Soffio Scultura* trägt – »Puste-Skulptur«.

Adresse Via Roma, 71011 Apricena | Anfahrt 42 Kilometer nördlich von Foggia, über die SS 16 und die SP 27 | Tipp 15 Kilometer nördlich von Apricena befindet sich der Lago di Lesina. Auf dem Wasser schwimmen schwarze Schwäne und im Wasser Lesina-Aale. Diese waren ein weiteres Leibgericht von Friedrich II.

5 Das einstige Pilgerzentrum

Zehn P für ein harmonisches Miteinander

Santa Maria di Leuca ist der südlichste Punkt Apuliens. Wer mit dem Auto auf dem Weg dorthin ist, wird mit hoher Wahrscheinlichkeit über die *litoranea*, die Küstenstraße, anreisen. Es empfiehlt sich jedoch, auch das Landesinnere zu besuchen.

Denn hier befindet sich, von Norden kommend, kurz vor der Ausfahrt des Dorfes Barbarano der ehemalige Wallfahrtsort Leuca Piccola. Manchen Pilgern erschien dieser Komplex so eindrucksvoll, dass sie von hier aus wieder zurück in die Heimat kehrten, in der Annahme, die große Pilgerstätte in Leuca – das eigentliche Reiseziel – bereits erreicht und besichtigt zu haben. Ihnen kann dies nun nicht mehr passieren.

Schaut man genauer hin, wird klar: Diese kleine Piazza bildet den Mittelpunkt eines Gebäudeensembles. Geradeaus die Verbindungsstraße, die an einer bogenförmigen Mauer vorbeiführt, zur Rechten die kleine Kirche. Der Bau geht auf die Initiative des Priesters Don Annibale Capece zurück, der ihn zwischen den Jahren 1685 und 1709 errichten ließ. Für Pilger, die auf dem Weg zum »Santuario Santa Maria de Finibus Terrae« waren, sollte er *refugio, commodo e consolatione* bieten, also einen komfortablen Zufluchtsort. Unterirdisch fanden die Pilger ihre Schlafstätten, in einer in den Felsen geschlagenen Grotte, und überirdisch versorgten Brunnen die Reisenden mit ausreichend Wasser. In der Kirche Santa Maria del Belvedere zeigen Fresken aus dem frühen 18. Jahrhundert neun Heilige sowie die vier Evangelisten.

Es gab hier außerdem einen Marktplatz und ein Gasthaus. Von Letzterem ist nur noch eine Steintafel erhalten. Zehn Mal steht der Großbuchstabe P darauf. Die Inschrift diente als Mahnmal für das friedliche Zusammensein der Pilger und ist die Abkürzung für den Satz: *Parole Poco Pensate Portano Pena, Perciò Prima Pensare, Poi Parlare.* Kurzgefasst: Man solle sich gut überlegen, was man sagt, also erst denken, dann reden. Das gilt bis heute.

Adresse Via Leuca Piccola, 73040 Barbarano del Capo | Anfahrt 10 Kilometer nördlich von Santa Maria di Leuca, über die SP 74, die SP 351 und die SP 192 | Öffnungszeiten täglich 17 – 19 Uhr, von außen jederzeit | Tipp Spektakuläre Badelocation gefällig? Dann ab zum Ciolo! Diese Bucht im Ort Gagliano del Capo wird von einer Brücke überquert, von der sich die ganz Mutigen ins Wasser stürzen.

6 Die Bäckerei Fiore

Stadtgeschichte, die schmeckt

Im Jahr 1912 bekommt das Gebäude in der Strada Palazzo di Città 38 einen Holzofen. Seitdem wird darin gebacken. Tag für Tag. Jahr für Jahr. Bis heute. Was auch bedeutet, dass Bewohner und Reisende nicht auf einen Ruhetag achten müssen. Im Panificio Fiore gibt es immer ein dreieckiges Stück warme Focaccia.

Nach Giuseppe und Domenico ist Antonio der aktuelle Schöpfer der *ruota calda,* des »warmen Rads«, wie das salzige Gebäck in Bari genannt wird. Kreisrund ist die Focaccia, die morgens ab fünf Uhr in großen Mengen zubereitet wird. Auf den Teig kommen Öl, Salz, Tomaten, Oregano und Oliven. Antonio behauptet allerdings, dass seine Focaccia nicht so gut schmecke wie die seines inzwischen verstorbenen Vaters, denn Domenico war der »Re della Focaccia«. »König« wurde er genannt, was bedeutet, dass Antonio »nur« der Prinz ist. Doch der hat sein Handwerk früh erlernt. Mit neun Jahren half er bereits in der Backstube, verpackte die Bestellungen und schaute bei der Produktion zu. Beißt man in seine Focaccia, stellt man fest, dass sie köstlich schmeckt: außen kross, innen fluffig weich, mit der richtigen Menge an Salz und zerdrückten knallroten Tomaten auf der Oberfläche.

Es könnte sein, dass gar nicht so ausschlaggebend ist, wer die Focaccia zubereitet, sondern wo sie entsteht. Denn der Panificio Fiore ist nicht nur eine Backstube. Während Renovierungsarbeiten in den 1970er Jahren kamen Säulen mit Kapitellen zum Vorschein. Es stellte sich heraus, dass das Gebäude im 16. Jahrhundert eine Kirche war. Ist das also das Geheimnis der so himmlisch leckeren Focaccia?

Rundbögen und Bildnisse, die, wie könnte es in Bari anders sein, den heiligen Nikolaus zeigen, machen den religiösen Teil der Backstube aus. Es scheint, als mahnten selbst die Statuen mit gehobener Hand, die Bäckerei auf keinen Fall ohne ein Stück *Focaccia barese* zu verlassen.

Adresse Strada Palazzo di Città 38, 70122 Bari | Anfahrt an der Ostküste über die SS 16, Ausfahrt Fiera del Levante nehmen | Öffnungszeiten Mo–Mi 8.30–14 und 17–20.30 Uhr, Do 8.30–14 Uhr, Fr und Sa 8.30–14 und 17–20.30 Uhr, So 9–13 Uhr | Tipp Ein Besuch der Basilika San Nicola ist ein Muss für alle, die am 6. Dezember einen mit Mandarinen und Schokolade gefüllten Schuh erwarten. In der Krypta befinden sich die Reliquien des heiligen Nikolaus.

7 Die Büste von Ravanas

Zusammenarbeit zahlt sich aus

Auf der mit Bäumen bepflanzten Piazza Garibaldi sucht man vergeblich kleine Steine auf dem Boden. Die Rentner sammeln sie alle! Sie benötigen sie zum Beschweren ihrer Spielkarten. Denn ab und zu weht auch mal ein Windstoß durch den ältesten Park Baris, der unter anderem als Seniorentreff genutzt wird. In Gruppen sitzen und stehen die Männer um Tische, auf denen – überaus eifrig – die italienischen Kartenspiele *scopa*, *briscola* und *tressette* gespielt werden. Beobachtet werden sie von Besuchern des Parks – und von Pierre Etienne Toussaint Ravanas. Ihm wurde im Park eine Büste gewidmet, für sein Engagement für die Hauptstadt der Region Apulien.

Doch was genau hat Pietro Ravanas für Bari getan? Er hat die Olivenölherstellung professionalisiert und modernisiert. Zu Beginn des 19. Jahrhunderts war man in Frankreich, der Heimat von Ravanas, genauer gesagt in der Provence, etwas fortschrittlicher, was die Gewinnung des sogenannten grünen Goldes anbelangte. Das französische Öl wurde bis nach Asien und Amerika exportiert. So viel, dass die provenzalischen Oliven nicht mehr ausreichten, um die große Nachfrage zu decken. Es mussten neue Olivenhaine ausfindig gemacht werden. So kamen die Franzosen auf Apulien. Die apulischen Bauern sahen in ihnen zunächst unliebsame Konkurrenten, erst aus einer Notsituation heraus entstand eine Zusammenarbeit.

Im Herbst des Jahres 1827 fiel die Olivenernte im Umland von Bari, in Bitonto, so üppig aus, dass sich die lokalen Ölmühlenbesitzer an Pietro Ravanas wandten. Die komplette Ernte des Jahres wurde verarbeitet, und mit der Einführung von Ravanas' neuen Verarbeitungsprozessen sowie der Nutzung von hydraulischen Pressen konnte die apulische Olivenwirtschaft ihren Export verfünffachen. Als Zeichen der Anerkennung erhielt Pietro Ravanas nicht eine, sondern gleich zwei Verdienstmedaillen vom König beider Sizilien, Ferdinand II.

Adresse Piazza Giuseppe Garibaldi, 70122 Bari | Anfahrt an der Ostküste über die SS 16, Ausfahrt Fiera del Levante nehmen | Öffnungszeiten täglich 8–22 Uhr | Tipp Venedig in Bari? Der Palazzo Fizzarotti am Corso Vittorio Emanuele II 193 wurde zu Beginn des 20. Jahrhunderts im gotisch-venezianischen Stil erbaut. Führungen können unter Tel. +39/340/3394708 angefragt werden.

8 Der Kursaal Santalucia

Was für ein Theater!

Zehn Schauspielhäuser auf engem Raum bildeten zu Beginn des 20. Jahrhunderts die Theatermeile in Bari. Nach dem Teatro Piccinni, das bereits 1854 eröffnet wurde und somit das älteste der Stadt ist, folgte das Teatro Petruzzelli. Das Teatro Margherita wurde 1910 als Holzkonstruktion auf dem Wasser errichtet und brannte in einer Julinacht nicht einmal ein Jahr nach der Eröffnung komplett ab. Nach nur zwei Jahren war es wieder aufgebaut. Da es nach seiner ersten Eröffnung als Konkurrenz für das Petruzzelli galt, wird noch heute von Brandstiftung gesprochen. Auch Letzteres wurde später von einem Feuer zerstört und in der Folge 18 Jahre lang restauriert.

Der Kursaal Santalucia entstand in den 1920er Jahren und blieb von Bränden verschont. Doch in Kombination mit finanziellen Schwierigkeiten sorgte ein Streit um Feuerleitern im Jahr 2011 dafür, dass der Theaterbetrieb eingestellt wurde. Die jüngste Renovierung hat den ehemaligen Glanz des Jugendstil-Theaters wiederhergestellt. Vom *lungomare* aus ist das imposante cremefarbene Gebäude durch das ausgeprägte Relief an der Fassade gut zu erkennen.

Die verschnörkelten Eingangstüren aus Holz lassen sich schwer öffnen. Der Theater- und Kinosaal erstrahlt in Gold und Grün, und ein Fahrstuhl bringt die Besucher in den Himmel. Natürlich nur symbolisch: Die »Sala Cielo« wurde vom Künstler Alfredo Pirri komplett neu gestaltet. Gäste, die vom Ausblick auf die Uferpromenade angezogen werden, merken erst spät, dass sie auf einer glatten Oberfläche laufen, die aus zerbrochenen Spiegeln besteht. Darin wird die aparte Dachkonstruktion reflektiert, auf deren halbtransparenter Oberfläche kreisförmige Aquarelle Pirris zu sehen sind. Der Künstler spielt mit Lichteinfällen und Reflexionen, und der Besucher mit dem Gedanken, hier im »Himmel« seinen Lieblingssessel zu platzieren, bis das Abendprogramm im unteren Stockwerk beginnt.

Adresse Largo Adua 5, 70121 Bari | Anfahrt an der Ostküste über die SS 16, Ausfahrt Fiera del Levante nehmen | Öffnungszeiten Besichtigung des Theaters und der Sala Cielo in der Regel tagsüber bei Ausstellungen oder abends vor den Vorstellungen möglich, von außen jederzeit | Tipp Ein weiteres Jugendstil-Gebäude, der Palazzo Mincuzzi, steht in Baris Shoppingmeile Via Sparano. Er kann während der Öffnungszeiten der Benetton-Filiale, die sich darin befindet, besichtigt werden.

9 Die Promenaden-beleuchtung

Finden Sie den Fehler!

Auf Höhe des archäologischen Museums Santa Scolastica beginnt der mit schwarzen Straßenlaternen bestückte Gehweg am Wasser. Zur Linken das Adriatische Meer, zur Rechten die Stadtmauern und geradeaus die Skyline von Bari. Auf gut drei Kilometern schlendert man vorbei am Fischmarkt, an geduldig angelnden Männern – und an El Chiringuito. Diese Bar ist inzwischen zu einer Institution geworden und der perfekte Ort für eine Verschnaufpause. Bei einem gekühlten Bier und frisch gefangenen, traditionell als *pesce crudo* servierten rohen Fischspezialitäten lässt sich das bunte Treiben hervorragend beobachten und Kraft sammeln für den letzten Teil des Spaziergangs.

Insgesamt 197 gusseiserne Laternen zieren die Promenade, die erste wurde Anfang der 1920er Jahre installiert. Während des Zweiten Weltkrieges schmolz man sie alle ein, um Material für die Herstellung von Waffen zu gewinnen. Unter dem Bürgermeister Vito Antonio Di Cagno machte man sich im Jahr 1949 daran, den Uferweg erneut mit einer Beleuchtung auszustatten. Die Firma Officina Fonderia Corazza wurde beauftragt, die heute nicht mehr wegzudenkenden Laternen zu produzieren. Verewigt hat sich das Unternehmen mit einem Schriftzug auf jedem einzelnen Sockel der Straßenleuchten. Auf jedem? *No!* Zwar mögen die Laternen auf den ersten Blick alle gleich ausschauen, doch wer genau hinsieht, stellt fest, dass bei manchen etwas nicht stimmt.

Damit man nicht alle 197 Laternen kontrollieren muss, hier der Hinweis, dass neben der fehlenden Beschriftung an manchen Straßenlampen auch eine kleine Fehlmontage zu bemerken ist. Betrachten Sie dazu die Laterne gegenüber dem Zebrastreifen des Largo Giordano Bruno. Rechts vor den Stufen, die zum Meer führen, auf der ersten Laterne, fällt Ihnen die Unstimmigkeit sicher ins Auge. Ob der Monteur wohl ein Bierchen zu viel bei El Chiringuito hatte?

Adresse Largo Giordano Bruno, 70121 Bari | **Anfahrt** an der Ostküste über die SS 16, Ausfahrt Fiera del Levante nehmen | **Tipp** Wer statt eines kalten Bieres und rohem Fisch lieber Kaffee und etwas Süßes möchte, für den ist in Apulien die Café- und Konditoreikette Martinucci die richtige Adresse. In Bari gibt es gleich zwei Filialen: in der Via Sparano und an der Piazza Mercantile.

10_Der Stadtstrand

Brot und Tomaten als Badesnack

Wer in Italien »Bari« sagt, meint auch »Pane e Pomodoro«. Damit ist der öffentliche Strand der Stadt gemeint. Und Strand bedeutet in Italien auch immer Essen. Oft wundert man sich, was die *mamma* alles aus ihrer Kühltasche herausholt. Das Menü lässt selbst die Besitzer der auf dem Meer schaukelnden Yachten neidisch dreinblicken. Etliche prall gefüllte Behälter mit Reissalat, Auberginenauflauf und Obst kommen zum Vorschein – und eben Brot und Tomaten.

In Apulien gilt die *frisella* als Brot. Wem die runden, geriffelten Brotscheiben ungenießbar scheinen, weil sie zu hart und trocken sind, dem wurde noch nicht verraten, wie man sie richtig isst. Man nehme eine *frisella* und halte sie entweder unter fließendes Wasser, wenn es ganz schnell gehen soll, gebe sie in eine *sponzafrise,* wenn man denn so eine Keramikschale besitzt, oder tauche sie in das Meerwasser, wie es die Fischer Baris früher gemacht haben. So konnten sie sich die Zugabe der Prise Salz sparen. Man lasse das Brot kurz einweichen. Nun fehlen nur noch das gute apulische Olivenöl und eine reife Tomate, die auf der Oberfläche der *frisella* zerdrückt wird. Fertig ist der knusprige Badesnack.

Nach dem Mittag ist vor der Siesta. Langsam, aber entschieden wandern einige Strandbesucher mit ihrem Badetuch unter die Schatten spendenden Oleanderbüsche und Bäume am Eingang des Strandabschnittes. Geweckt werden sie von energischer Musik. Sie ist das Signal zum Auftakt der Animation an der *spiaggia libera.* Besonders beliebt: Aquafitness zu Italo-Sommer-Popsongs. Für einen öffentlichen Strand ohne Vermietung von Sonnenschirmen und Liegen ist »Pane e Pomodoro« sehr gut ausgestattet. Ausreichend Parkplätze für die Anfahrt mit dem Auto sind auch vorhanden, ebenso eine Bar für den obligatorischen *caffè in ghiaccio*, Espresso auf Eis, sowie Schließfächer für die Wertsachen. Beste Bedingungen für apulischen Badespaß also!

Adresse Corso Trieste, 70126 Bari | Anfahrt an der Ostküste über die SS 16, Ausfahrt Fiera del Levante nehmen | Tipp Wer noch mehr Aktivität möchte, kann sich bei »SideOn« oder »California Paddle Surf Bari« zu einem Kitesurf- oder Stand-up-Paddle-Kurs anmelden.

11 Der essbare Seufzer

Che buono!

Die Desserts in Apulien sind so köstlich, dass einem hin und wieder tatsächlich ein Seufzer entweichen kann. Einen Seufzer essen kann man aber nur in Bisceglie. Die Delikatesse heißt hier *sospiro.*

Für die Hochzeitsfeier von Lucrezia Borgia und Alfonso von Aragon, die angeblich in Bisceglie stattgefunden hat, sollen Nonnen eines Klosters zum Bankett ihre beliebten Küchlein gebacken haben. Die Legende besagt, die geladenen Gäste hätten diese genüsslich während der Wartezeit verspeist. Doch die Papsttochter Lucrezia Borgia war nie in Bisceglie. Sie hat Alfons von Aragon, den Herzog von Bisceglie, in Rom geheiratet. Seufz!

Eine weitere Legende um das Biskuitküchlein würde den anderswo in Apulien verbreiteten Namen des Desserts *Tette delle monache*, auf Deutsch »Brüste der Nonnen«, erklären. Eine Klosterschwester soll die spitz zulaufenden Süßgebäcke hergestellt haben. Die Form war und ist unverkennbar. *Madonna mia!* Wer Apulien besucht, sollte seinen Mut zusammennehmen und ruhig auch außerhalb von Bisceglie diese Delikatesse bestellen. Die Mitarbeiter kennen bereits den verlegenen Gesichtsausdruck der Kunden, die ihnen gegenüberstehen.

In Bisceglie, wo die Bestellung einfacher über die Lippen kommt, empfiehlt es sich, eine Tour zu den ausgezeichneten Konditoreien zu machen, auf der Suche nach dem besten und leckersten Seufzer. Sergio Salerno, der Vorstandsvorsitzende des Vereins der historischen Konditoreien Bisceglies, bewirbt die Spezialität italienweit. Ob bei Fußballspielen, Messen oder als Comic. Sergio sorgt für die Verbreitung der Geschichte des *sospiro* und gibt einen sehr hilfreichen Tipp bezüglich des Verzehrs des Desserts. Damit die Zuckerglasur nicht den Gaumen verklebt, sollte das Gebäck mit der Spitze nach unten gegessen werden. So stößt man erst auf den fluffig-leichten Teig und die leckere Creme. Diesen Hinweis nehmen wir dankend an.

Adresse Dolce Caffetteria, Via della Repubblica 41, 76011 Bisceglie; Liste der Konditoreien der Associazione Pasticcerie Storiche Biscegliesi unter www.sospirodibisceglie.it | Anfahrt 42 Kilometer nördlich von Bari, über die SS 16, Ausfahrt Bisceglie Ovest nehmen | Öffnungszeiten Mo–Mi, Fr, Sa 4.30–13.30 und 15–20 Uhr, So 4.30–20 Uhr | Tipp Schon von Weitem erkennt man den Palazzo Tuppiti in der Via Cardinale dell'Olio 30. Die Fassade des Kulturzentrums besteht aus Diamantquadern, die Räumlichkeiten des Renaissancegebäudes können besichtigt werden.

12 Das Rasierklingenmuseum

Scharfe Exponate

Der Palazzo Marchesale in dem kleinen Dorf Botrugno ist riesig. Er wurde im 15. Jahrhundert von der Adelsfamilie Maramonte erbaut und unterteilt sich in 77 Zimmer im Erdgeschoss und 46 im Obergeschoss. Heute sind in den Räumlichkeiten unter anderem eine Bibliothek und mehrere kleine Museen untergebracht. Eines davon ist das Rasierklingenmuseum.

Ein gewisser Alfonso Tozzi war eher an der Verpackung der Klingen als an deren Inhalt interessiert. Seit den 1970er Jahren sammelte er die illustrierten Hüllen und begründete somit eine beachtliche Sammlung: 27.000 Gegenstände, darunter Rasierer, verschieden geformte Klingen, Illustrationsentwürfe und unzählige Kategorien von Rasierklingenverpackungen. Auch Exemplare aus Tozzis Bibliothek liegen aus. Er sammelte ebenfalls akribisch Literatur zur Rasur und verfasste selbst Kataloge zur Geschichte italienischer und ausländischer Rasierklingen.

Als der Direktor der Museen in Botrugno vernahm, dass eine neue Location für die scharfe Sammlung gesucht wurde, entschied er sich, sie im Palazzo aufzunehmen. So kam es, dass der in Italien berühmte Geologe Mario Tozzi im Jahr 2016 die zahlreichen Exponate seines Vaters an die Gemeinde übergab.

Seitdem hängen auch einige seiner rund 50 Tafeln aus. Auf diesen kleben thematisch angeordnet bunte, filigran wirkende Papierhüllen, in denen die Rasierklingen verkauft wurden. Es gibt viel zu sehen: die grün-weiß-roten Editionen, die im Rahmen der Fußballweltmeisterschaft 1990 in Italien auf den Markt kamen, Rasierklingenschachteln aus Plastik der weltweit wohl bekanntesten Marke Gillette sowie Rasierklingen für Frauen. Beim Anblick der blau-weißen Schachtel, auf der die Göttin der Liebe und der Schönheit abgebildet ist, fällt dem Betrachter wahrscheinlich unverzüglich der Ohrwurm zu einer ganz bestimmten Rasiererwerbung ein: »I'm your Venus, I'm your fire, at your desire«.

Adresse Via Giuseppe Garibaldi / Via delle Pozzelle, 73020 Botrugno | Anfahrt 25 Kilometer südwestlich von Otranto, über die SS 16 und die SS 275 | Öffnungszeiten Do 18–20 Uhr, Infos und Anmeldung unter Tel. +39/335/1506595 | Tipp Die Küchenchefs Isabella Potì und Floriano Pellegrino führen als Paar mehrere Restaurants im Salento, darunter auch das mit einem Michelin-Stern ausgezeichnete Ristorante Bros' in Lecce. Traditionelle saisonale Gerichte gibt es auch in ihrer Trattoria Bros' in Supersano. Reservierungen für die Menüs sind erforderlich (Tel. +39/388/3457101).

13 Die Flughafenkirche

Beten bis kurz vor dem Abflug

»Benvenuti all'aeroporto di Brindisi!« Der Urlaub kann beginnen! Die Koffer wurden vom Laufband gehoben, das Mietauto steht vollgetankt zur Abfahrt bereit. Nur fünf Minuten sind es bis zur Kirche Santa Maria del Casale.

Umgeben von Parkplätzen, in unmittelbarer Nähe des Flughafengeländes, steht das Gotteshaus im Viertel Casale des Hafenstädtchens Brindisi. Als Bauherr der Kirche ist Philipp I., Fürst von Tarent, überliefert. Die Entstehungsgeschichte ist wie so oft an eine Legende gebunden. Philipp I. soll ein Gelübde abgelegt haben, das die Konstruktion einer Kirche vorsah, wenn die Erbfolge gesichert wäre. Bei Betrachtung des Baldachins des Kircheneingangs scheint es ganz so, als hätte er einen männlichen Nachfahren bekommen.

Die Außenfassade der Kirche fordert die Augen, die versuchen, den verschiedenen Linien und Formen der hellen zweifarbigen Muster zu folgen, ähnlich wie bei dem Handyspiel Snake. Innen freskierte der Maler Rainald von Tarent großzügig. An allen Wänden lassen sich religiöse Malereien bewundern, und es scheint, als wäre Dunkelrot die Lieblingsfarbe des Künstlers gewesen. Besonders für seine vierreihige Darstellung des Jüngsten Gerichts auf der Rückseite der Fassade ist er bekannt geworden.

In dieser Kirche soll der Schutzpatron Italiens, San Francesco d'Assisi, im Jahr 1220 nach seiner Rückkehr aus dem Heiligen Land übernachtet haben. Am nächsten Morgen soll er eine Spinne gebeten haben, das im Lauf der Nacht gespannte Netz wieder zu entfernen, denn es lag wie ein Schleier über einem Bildnis der heiligen Maria. Natürlich hat die Spinne der Legende nach ihre Fäden wieder eingepackt. Wer die Kirche nicht gleich nach der Ankunft, sondern kurz vor dem Rückflug besucht, sollte nicht vergessen, ein kleines Gelübde abzulegen. Wer weiß, ob das nicht schon ausreicht, um die nächste Apulienreise zu sichern.

Adresse Contrada Baroncino 3, 72100 Brindisi | Anfahrt an der Ostküste über die SS 16, 1 Kilometer vom Flughafen Brindisi entfernt | Öffnungszeiten Mo–Sa 9–20 Uhr, So 8–13 Uhr | Tipp Ein überdimensioniertes Steuerruder zieht den Blick an der Promenade auf sich. Es ist das Marine-Ehrenmal, das Monumento al Marinaio d'Italia, von dem aus man einen tollen Blick auf den Hafen von Brindisi genießen kann (Via Ammiraglio Millo 2, Do–Di 10–18 Uhr).

14 Das Teatro Nuovo Verdi

Das schwebende Theater

Während eines Spaziergangs in der Hafenstadt, die für ihre römischen Säulen bekannt ist, die das Ende der Via Appia markieren, ist man gut beraten, auch mal nach einem schattigen Plätzchen Ausschau zu halten. Denn auf dem Weg vom Bahnhof zum Stadtzentrum oder entlang der Promenade ist man der apulischen Sonne ausgesetzt.

In den 1960er Jahren fanden Bauarbeiter während Abrissarbeiten Reste einer römischen Siedlung. Wohnflächen, Mosaike und Thermalbereiche wurden anschließend von Archäologen ebenso freigelegt wie eine 60 Meter lange und 4 Meter breite Straße samt Fußgängerweg. Alles damals noch »open air«. Bis man sich dafür entschied, über diesen bedeutenden antiken Ort eine moderne Kulturstätte zu bauen. Dem Entwurf für ein »schwebendes Theater« des römischen Architekten Enrico Nespega wurde im Jahr 1966 zugestimmt. Bereits in den 1970er Jahren wurde die Konstruktion fertiggestellt. Doch aufgrund der Ausmaße der archäologischen Funde und andauernder Rechtsstreitigkeiten wurde das Teatro Nuovo Verdi erst am 20. Dezember 2006 eröffnet. Das erste Konzert dirigierte der Weltstar Riccardo Muti.

Auf einer Fläche von 4.500 Quadratmetern bietet das Theater im inneren Platz, um fast 1.000 Zuschauer kulturell zu unterhalten. Die Konstruktion des Theaters wurde absichtlich direkt über die Ausgrabungsfläche gesetzt. Denn so schlug man gleich mehrere Fliegen mit einer Klappe: Die Baufläche wurde bestmöglich genutzt, und gleichzeitig blieben die Ausgrabungen für die Besichtigung zugänglich.

Zudem bietet die Überdachung des antiken Viertels Schutz vor Wind und Wetter. An heißen Tagen ist es hier nun angenehm kühl. Zum Eingang des Theaters führen Treppen hinauf, während der Eingang zur Ausgrabungsstätte direkt unter dem Teatro Nuovo Verdi zu finden ist. Doch auch vom Foyer des Theaters aus kann ein Blick auf das antike Erdgeschoss geworfen werden – einem Glasboden sei Dank.

Adresse Largo Gianni D'Errico 1, 72100 Brindisi | Anfahrt an der Ostküste, über die SS 16, 6 Kilometer vom Flughafen Brindisi entfernt | Öffnungszeiten Mo – Fr 8.30 – 16.30 Uhr, Sa, So 10 – 13 und 16 – 19 Uhr | Tipp Im selben Viertel befindet sich der Tempio di San Giovanni al Sepolcro. In dieser kreisrunden Kirche aus dem 11. Jahrhundert sind unter anderem Fresken verschiedener Stile und Epochen zu sehen (Via San Giovanni al Sepolcro 5, Di – So 8 – 20 Uhr).

15__Die Grotte des Erzengels

Wer sieht den Stier?

Diese Grottenkirche hat einen berühmten Verwandten, nämlich die Pilgerstätte in Monte Sant'Angelo. Während es dort trubelig ist und über Stufen auf- und abwärts geht, wird die außerhalb der Dorfmitte liegende Grotte in Cagnano Varano nur von wenigen aufgesucht. Ein Besuch lohnt sich schon allein wegen Matteo Pelusi. Es heißt, er sei die gute Seele dieses Ortes.

Er kümmert sich um die Kapelle, den Garten und den kleinen Souvenirshop. Er ist mit Informationen und Tipps zur Stelle. So auch mit dem Hinweis, wo denn der Stier zu finden ist. Fragt man ihn danach, bekommt man eine Führung inklusive Insiderwissen. Der Legende nach soll nämlich ein Tier der Herde ausgebüxt und dem Erzengel Michael in die Grotte gefolgt sein. Dabei blieb es stecken und wurde erst später von einem Bauern befreit, der wiederum von einer immensen Lichtquelle geblendet wurde. Das musste ein Engel sein! Als der Bauer zu einem späteren Zeitpunkt mit Freunden zurück zur Grotte kam, war vom Erzengel keine Spur mehr zu sehen. Er hatte sich schon auf nach Monte Sant'Angelo gemacht – so die Erzählung. Die dortige Wallfahrtskirche liegt mit weiteren sechs internationalen Stätten des Michaelskultes – von Irland bis Israel – auf einer Linie. Manche wollen diese Linie als Schwert des Erzengels deuten, mit dem er Luzifer in die Hölle vertrieb.

Sowohl in Monte Sant'Angelo als auch in Cagnano Varano versteckt sich der dem heiligen Michael gewidmete Altar in einer Höhle. Beim Betreten wird es spürbar kühler und dunkler. Und auch den Aufbau betreffend ähneln sich beide Grottenkirchen sehr: Am Ende des langen und felsigen Eingangsbereichs steht der mit Säulen verzierte Altar. Auf diesem thront eine Statue, die den Erzengel mit gezücktem Schwert darstellt. Das Original befindet sich zwar in Monte Sant'Angelo, doch Matteo Pelusi – auch ein Original – gibt es ausschließlich in Cagnano Varano.

Adresse Via per Capoiale / SS 693, 71010 Cagnano Varano | **Anfahrt** an der nördlichen Küste des Gargano, über die SS 89 | **Öffnungszeiten** täglich 9–12 und 15–18.30 Uhr, im Winter nur bis 17 Uhr; Matteo Pelusi unter Tel. +39/350/5341242 erreichbar | **Tipp** Im Lago di Varano guckt ein sagenumwobenes Kruzifix aus dem Wasser (Contrada Crocefisso, 71010 Ischitella).

16 Der Fruchtbarkeitsstein

Heureka und Augen zu und durch!

Kaliméra! Ja sind wir denn in Griechenland? Ein bisschen schon. Im Salento, genauer gesagt südlich von Lecce, befindet sich eine Sprachinsel, die aus zwölf Dörfern besteht: die »Grecìa Salentina«. Hier leben etwa 60.000 Menschen, und viele von ihnen sprechen heute noch Griko, einen griechischen Dialekt.

In Calimera, einem dieser zum Teil griechischsprachigen Dörfer, liegt ein ziemlich imposanter heiliger Stein, dem besondere Kräfte nachgesagt werden. Er befindet sich eingelassen im Fußboden mittig vor dem Altar der Kirche San Vito. Diese wird einmal im Jahr geöffnet. Es sei denn, man kennt eine Autorin, die jemanden kennt, der einen Schlüssel für die Kirchentür hat. Die Telefonnummer dieser Person ist im Infoblock angegeben.

Jährlich am Ostermontag wird die Kirche außerhalb des Zentrums von Calimera zum Treffpunkt von Gläubigen und Ungläubigen. Nach der Messe wird der »Stein der Fruchtbarkeit« begutachtet. Der Legende nach soll er Teil einer Mauer gewesen sein, die Jäger davor schützte, von Wölfen gefressen zu werden. Aber wie nur? Der große Stein hat eine kleine, kreisrunde Aussparung. Na, durch diese können die robusten Jäger wohl kaum gepasst haben. Das sieht man mit bloßem Auge.

Und doch: Durch genau dieses Loch sollen sich im Lauf der Zeit auch Frauen mit Kinderwunsch gewagt haben. Dem Stein werden bis heute Kräfte nachgesagt, die die Fruchtbarkeit und Gesundheit der Person stärken sollen, die durch ihn hindurchschlüpft. Nun könnte man meinen, dass nicht jeder für diese Prozedur geeignet ist und manche davon absehen. Doch es ist überliefert, dass schon Menschen verschiedenster Größe und Statur durch das nicht einmal 30 Zentimeter breite Loch gekrochen sind. Auf unerklärliche, geradezu mysteriöse Weise soll sich die Öffnung im Stein dem Umfang des jeweiligen Körpers anpassen. So zumindest die Erzählungen. Nachmachen auf eigene Gefahr!

Adresse Strada vicinale Coppo, 73021 Calimera | Anfahrt 20 Kilometer südlich von Lecce, auf der SS 16 bis Martignano fahren, dann weiter auf der SP 30, der Beschilderung Richtung Calimera und anschließend Richtung Melendugno folgen | Öffnungszeiten von außen jederzeit, Besichtigung der Kirche und des Steins nach Vereinbarung mit dem Verein »Pro Loco Calimera« unter Tel. +39/392/6613336 oder per E-Mail an prolococalimera@libero.it | Tipp In Roca Vecchia, direkt an der Adria, befindet sich die Grotta della Poesia. Der runde Naturpool hätte ein Gedicht verdient, und damit er noch lange erhalten bleibt, wird seine Existenz besonders geschützt – auch durch ein Badeverbot.

17__Die Brunnenkirche

Ein Schlückchen kann nicht schaden

Im Jahr 1705 war Don Domenico Tanzanella, der Priester des Dorfes Capurso, unheilbar erkrankt. Doch eines Nachts erschien ihm die Madonna, die ihm sofortige Heilung versprach, wenn er das Wasser des Brunnens Santa Maria trinken und eine kleine Kirche mit zugehörigem Kloster errichten würde. Dorfbewohner besorgten für den geschwächten Pfarrer schnellstmöglich das Wasser, und nach kurzer Zeit setzte tatsächlich die erhoffte Genesung ein. Wenige Wochen später fühlte sich der Patient so kräftig, dass er am 30. August desselben Jahres mit seinem Bruder und zwei weiteren Männern den wundersamen Brunnen aufsuchte.

Während die Freunde einer nach dem anderen in den dunklen Brunnen hinunterkletterten, landeten die Kerzen, die der Beleuchtung dienten, im Wasser. Dort brannten sie weiter und sicherten somit den Abstieg der neugierigen Gruppe. Als die Männer wieder Boden unter den Füßen hatten, fiel ihnen ein Abbild der Madonna auf. Dieses löste sich langsam von der Brunnen-Innenwand und schwamm auf der Wasseroberfläche gezielt zu Don Tanzanella, der es gern empfing. Behutsam brachte er das Bild der Muttergottes ins Dorf und stellte es in die Sakristei der Kirche, die er gerade erbauen ließ, um sein Gelübde zu erfüllen. Seit 1778 befindet sich dieses Abbild der Madonna del Pozzo über dem Hauptaltar der Basilika von Capurso, deren Besuch ebenfalls sehr zu empfehlen ist.

Das einschiffige Innere des kleineren der beiden Gotteshäuser ist mit zehn Gemälden dekoriert, die die zehn bedeutendsten Wunder der Madonna del Pozzo darstellen. Eine beleuchtete Wendeltreppe führt hinab in den Brunnen. An der Innenwand ist ein Loch an der Stelle, an der einst das Bildnis hing. Zur Rechten befindet sich ein Altar, zur Linken steht ein steinernes Becken mit vier Wasserhähnen. Aus diesen sprudelt *acqua santa*. Das heilige Wasser kann vor Ort getrunken oder als Souvenir mitgenommen werden.

Adresse Largo Piscine 57, 70010 Capurso | **Anfahrt** 11 Kilometer südlich von Bari, über die SS 100, Ausfahrt Triggiano/Capurso nehmen, weiter auf der SP 240 | **Öffnungszeiten** täglich 8–12.30 und 16–20 Uhr, Juni–Aug. nachmittags 16.30–20.30 Uhr | **Tipp** Auf dem Weg nach Capurso kann man einen Blick auf ein Raumschiff werfen. Fußball- und Architekturfans können einen Zwischenstopp am Stadio San Nicola einlegen, das zur Fußballweltmeisterschaft 1990 erbaut wurde.

18_Die Vintage-Bar Picci

Retro-Aperitif nicht nur für Genossen

Zwischen den Städten Brindisi und Ostuni liegt Carovigno. Ein Dorf, das, wie die meisten in Italien, eine Bar an der Piazza vorweisen kann. Hier heißt sie seit dem Jahr 2020 »Bar Picci«. Darin versteckt sich die Abkürzung »PCI«, die für die Partei der italienischen Kommunisten steht. Diese hatte am Corso Vittorio Emanuele II 39, direkt über der Bar, ihren Sitz. Heute ist im ersten Stock des Gebäudes die lokale Parteizentrale des Partito Democratico, kurz PD, untergebracht.

In Carovigno fand im Spätsommer des Jahres 2023 das dreitägige Sommerfest »Festa dell'Unità« statt. Während dieser Veranstaltung trafen Bürgermeister aus Apulien auf Parteivorsitzende aus Rom und spielten unter anderem am Flipper. Die Location: die Bar Picci.

Wer sich ihr nähert, reist in Italiens Vergangenheit – sowohl was die Innenausstattung betrifft, als auch in Bezug auf die politische Geschichte des Landes. Verschiedene Parteisymbole, darunter Hammer und Sichel, zieren die Außenwände der Bar. Die noch angebrachten Megafone waren es, die Pierangelo Oliva, den Inhaber, vom Konzept einer Vintage-Bar in Carovigno überzeugten. Und sie waren es auch, die die Bewohner morgens um vier mit dem Lied »Viva l'Italia« von Francesco de Gregori zur *festa* geweckt haben. Ein Schelm, wer Böses dabei denkt. Offiziell gab man einer Fehlfunktion der Zeitschaltuhr die Schuld.

In der Bar zeigt ein Fernseher die italienische Werbesendung »Carosello« aus den 1960er und 1970er Jahren. Unzählige Reklametafeln von Getränkemarken wie Martini, Peroni und Campari zieren die Wände und läuten den *aperitivo* im Retro-Stil ein. Untermalt wird die Atmosphäre von Musik – wie könnte es anders sein – aus einer Jukebox. Besucher dürfen sich nicht wundern, wenn sie die Stimme Wolfgang Petrys vernehmen. Auch er ist neben den Beatles und Domenico Modugno mit dem Song »Urlaub unterm Apfelbaum« vertreten.

Adresse Corso Vittorio Emanuele II 39, 72012 Carovigno | **Anfahrt** 30 Kilometer nördlich von Brindisi, über die SS 16 | **Öffnungszeiten** März–Okt. täglich ab 18 Uhr, ansonsten nur So mittags für den »Aperitivo des Genossen« | **Tipp** Nach kurzer Fahrt erreicht man die Adriaküste, an der sich die beliebten Badeorte Torre Santa Sabina und Lido Specchiolla befinden.

19 Die byzantinische Krypta

Acht Mal Santa Cristina

Am Verkehrskreisel im Zentrum von Carpignano Salentino befindet sich ein kleines umzäuntes Grundstück. Es scheint, als stünde eine kleine Kapelle darauf. Doch sobald sich das Tor öffnet, geht es entgegen der Vermutung einige Stufen hinunter. Unterirdisch liegt die byzantinische Krypta. Auch wenn das Auge erst langsam alle Farben und Formen zusammenführt, spürt der Besucher sofort, dass es sich hier um einen ganz besonderen Ort handelt.

Die Krypta ist nicht nur eines der wichtigsten Denkmäler für die griechische Vergangenheit des Salento, sondern bewahrt etwas in ganz Süditalien Einmaliges. Die sehr gut erhaltenen Fresken der Seitenwände sind allesamt mit drei wichtigen Informationen versehen: einer Inschrift mit dem Namen des Auftraggebers, einer Unterschrift des Künstlers und einer auf den Monat genauen Datierung der Wandmalereien. Somit wissen wir Nachfahren, wer das Fresko bestellt hat und von wem es zu welchem Zeitpunkt realisiert wurde. Alles Daten, die Forscherherzen höherschlagen lassen. Aus ihnen lassen sich Schlüsse auf andere Bildproduktionen des 10. und 11. Jahrhunderts im Gebiet der Grecìa Salentina ziehen, was die Wissenschaft ungemein bereichert.

Im Lauf der Jahrhunderte hat die Krypta einige Umwandlungen durchgemacht. Die Säulen sind Überbleibsel einer ehemaligen Mauer, die die zwei unterirdischen Räumlichkeiten trennte. Nischen wurden erst während Renovierungsarbeiten entdeckt und Fresken übermalt. Schicht um Schicht erzählen diese von Heiligen wie der Namensgeberin der Krypta, Santa Cristina, die gleich acht Mal abgebildet wurde.

Fünf Jahrhunderte lang wurde hier der byzantinische Ritus zelebriert. Heutzutage findet nur noch einmal im Jahr ein Gottesdienst statt, und zwar die »Große Wasserweihe«. Am 6. Januar wird zum einen an die Taufe Jesu im Jordan und zum anderen an die griechischen Einflüsse im Salento erinnert.

Adresse Via Pasubio 29, 73020 Carpignano Salentino | Anfahrt 15 Kilometer nördlich von Otranto, über die SP 48, der Beschilderung Cripta Bizantina S. Cristina folgen | Öffnungszeiten Besichtigung nach Absprache mit der Organisation »Nea Carpiniana« unter Tel. +39/339/4402579 | Tipp In Torre dell'Orso stehen zwei Schwestern dicht beieinander: »Le due sorelle«. Die Zwillingsklippen ragen hier aus dem Adriatischen Meer und trotzen den Wellen.

20 Die Stiftung

Weben für Dior

Carolina de Viti de Marco wurde im Jahr 1863 in Casamassella geboren. Ihr Bruder, der Ökonom Antonio, heiratete die Amerikanerin Harriett Lathrop Dunham, die in Italien besser bekannt ist als Etta de Viti de Marco. Einmütig machten es sich die beiden Frauen zur Lebensaufgabe, benachteiligten Kindern und Frauen eine Perspektive zu bieten, und gründeten 1901 die Handarbeitsschule in Casamassella.

Das traditionelle Handwerk der Frauen der Umgebung, das Weben, sollte Anerkennung finden. Nicht zuletzt auch finanzielle Wertschätzung, die wiederum die Unabhängigkeit der Frauen förderte. Schon zu Beginn des 20. Jahrhunderts bot die Schule mehreren hundert Frauen Beschäftigung und Ansehen. Auch heute noch ist jede Position der Werkstatt von einer Frau besetzt. An Webstühlen entstehen Muster für Kissenbezüge, Schals, Servietten, Teppiche und Taschen. In diesem Zusammenhang entstand die dialektale Redewendung *ogni cannata è pintu*. Selbst ein Fehler wird demnach am Webstuhl zur Grundlage eines neuen Musters.

Die Gestaltung der Handwerksprodukte endet mit der Anbringung eines Etiketts mit Logo. Darauf sind der Name der Stiftung, der Ort, das Gründungsdatum und der Satz »Il caldo amor – La chiara vista« zu lesen, auf Deutsch: »Die brennende Liebe – Der klare Blick«. Wer sich auf dem Grundstück der Einrichtung Le Costantine umschaut, wird den Bezug zum 13. Gesang des letzten Teils aus Dantes »Göttlicher Komödie« verstehen. Die gut 30 Hektar unberührter Natur, die die Stiftung umgeben, wirken paradiesisch.

International bekannt wurde Le Costantine im Jahr 2020 durch eine in Lecce abgehaltene Modenschau. Für das Modehaus Dior fertigte man damals Haute-Couture-Kleidungsstücke, die seitdem sehr gefragt sind. Die italienische Influencerin Chiara Ferragni trägt des Öfteren handgefertigte Taschen, die nicht in Paris oder Mailand produziert wurden, sondern »made in Casamassella« sind.

Adresse Via Costantine, 73020 Casamassella, Tel. +39/0836/812110, www.lecostantine.it | Anfahrt 7 Kilometer von Otranto entfernt, über die SP 358 und die SP 300, in Casamassella der Beschilderung nach La Gramola / Le Costantine folgen | Öffnungszeiten Mai – Okt. Mo – Sa 9 – 12.30 und 16.30 – 19 Uhr, Nov. – April Mo – Sa 9 – 13 Uhr | Tipp Auf dem Grundstück der Stiftung befinden sich das Restaurant La Gramola und das Bed and Breakfast La Casa di Ora. Mit zwölf Zimmern bietet es barrierefreie Übernachtungsmöglichkeiten in abgelegener Umgebung (Tel. Restaurant: +39/380/6488352, Tel. Bed and Breakfast: +39/0836/812110).

21 Der Astronomiepark

Sonne, Mond und Sterne

Weiß-silbern glänzt es inmitten des Grüns der Umgebung. Halbkugeln lugen zwischen Olivenbäumen hervor, und dreibeinige Gegenstände stehen verteilt auf der Rasenfläche. Es sind keine unidentifizierten Objekte, sondern Sternwarten und Teleskope. Sie dienen als Hilfsmittel, um in den apulischen Sternenhimmel schauen zu können.

Giuseppe de Filippi gründete 2013 aus Leidenschaft zu den Himmelskörpern in der hügeligen Landschaft, die den unteren Teil des Stiefelabsatzes charakterisiert, diese Anlaufstelle für Sternegucker. Er und sein Team führen Schulklassen und empfangen Kinder, die einmal Astronaut werden wollen, sowie deren Eltern, die dieses Berufsziel vielleicht auch einmal ganz oben auf ihrer Liste stehen hatten.

In der astronomischen Sternwarte »Piazza delle Stelle« wird mit Hilfe von verschiedenen Teleskopen ersichtlich, was sich über uns Erdbewohnern abspielt: Tagsüber kann man einen Blick auf die Sonne werfen, in den Abendstunden hingegen können die Krater des Mondes und die Sternenkonstellationen begutachtet werden. Besonders gefragt sind im Sommer die Open-Air-Veranstaltungen, nicht nur im August zur »Notte di San Lorenzo«, in der die Sternschnuppen die Protagonisten des Himmels und des Parks sind. Im Herbst lohnt sich die Sicht nach oben zu den Planeten Jupiter und Saturn, und auch bei schlechten Wetterbedingungen hat de Filippi eine Möglichkeit, die Sterne zu zeigen: im digitalen 3-D-Planetarium.

In der größten Sternwartekuppel des Parks befindet sich das »Museo del Cosmonauta«, also das Astronauten-Museum. Ein Weltraumfahrer in voller Montur steht abflugbereit. Er trägt eine Kopie des Weltraumanzugs von Neil Armstrong, der am 21. Juli 1969 als erster Mensch seinen Fuß auf den Mond setzte. Auch Yuri Gagarin, der erste Mensch im Weltall, darf in diesem Raum natürlich nicht fehlen. Ein Foto von ihm – inklusive Originalautogramm – bekommt hier die meiste Aufmerksamkeit.

Adresse Contrada Manfio / Mascarane, SP 71, 73042 Casarano, www.astronomiacasarano.it | Anfahrt 50 Kilometer südlich von Lecce, auf halber Strecke zwischen Casarano und Ruffano, über die SS 16, vor Maglie auf die SP 361 fahren, dann weiter auf die SP 69 | Öffnungszeiten Informationen zu Veranstaltungen, Führungen und Preisen unter Tel. +39/328/8356836 oder auf der Website | Tipp Im Dorfzentrum von Casarano befindet sich der schöne Palazzo Capozza. Er war der Wohnsitz von Luigi Capozza, der im Jahr 1889 im Salento eine Fabrik zur Herstellung von Alkohol und Weinsteinbackpulver gründete.

22 Das Museum Valentino

Schau mir in die Augen, Kleines!

Rodolfo Pier Filiberto Raffaello Guglielmi hat den Erfolg des Films »Casablanca« zwar nicht miterlebt, allerdings zog er bereits gut 20 Jahre vor Humphrey Bogart mit seinem lasziven Blick Millionen von Zuschauerinnen in den Bann. Er wurde am 6. Mai 1895 in der Via Roma 116 in Castellaneta geboren, und hier gibt eine Stiftung detailreich Auskunft über den Star. Anhand von Dokumenten, Kostümen und Filmmaterial wird in dem ehemaligen Klostergebäude das turbulente Leben des Schauspielers rekonstruiert.

Den jungen Mann treibt es als Erstes nach Paris, wo er das Tangotanzen erlernt, und anschließend 1913 nach Amerika, wo er sich als Tellerwäscher und später als Gigolo den Lebensunterhalt sichert. Er absolviert erste Auftritte in Stummfilmen, und 1921 spielt er die Hauptrolle in »Die vier Reiter der Apokalypse«. Rudolph Valentino, wie er sich nun nennt, wird berühmt und sorgt für Schlangen vor den Kinos. Es folgt die Literaturverfilmung »Der Scheich« und 1926 deren Fortsetzung »Der Sohn des Scheichs«. Mit diesen beiden Filmen wird er in der Rolle des Verführers unsterblich, mit seinem Aussehen erobert er unzählige Frauenherzen. Doch mit dem Ruhm kommen auch die Probleme. Seine Beziehungen zu Frauen sind verworren und unglücklich. Als Valentino am 23. August 1926 in New York infolge eines perforierten Magengeschwürs stirbt, bricht für seine Fans die Welt zusammen. Eine regelrechte Massenhysterie entsteht.

Wilde Verschwörungstheorien versuchten, den plötzlichen Tod des Weltstars zu erklären. So wurde spekuliert, ein eifersüchtiger Ehemann habe Rudolph erschossen oder der Tod des Schauspielers sei inszeniert worden, um dem Trubel um seine Person ein Ende zu bereiten.

Wer dem Frauenschwarm begegnen möchte, kann die Via Roma zum Denkmal Valentinos hinunterspazieren. Nur eines fehlt dieser Statue: der verführerische Blick, für den der weltweit bekannte Latin Lover berühmt wurde.

Adresse Via Vittorio Emanuele 117/119, 74011 Castellaneta, Tel. +39/099/8493192 oder +39/347/5493021 | Anfahrt 40 Kilometer nördlich von Tarent, über die SS 106 bis Palagiano Nord, weiter auf der SS 7 bis Castellaneta | Öffnungszeiten Juni–Sept. Di–Sa 10–12.30 und 17–20.30 Uhr, So 17–20.30 Uhr, Okt.–Mai Fr–So 10–12.30 und 16–19.30 Uhr | Tipp Wäre Silvestro im Jahr 1930 nicht nach Amerika ausgewandert, wäre Sylvester wahrscheinlich nicht Rocky oder Rambo geworden. Der Großvater des amerikanischen Schauspielers Sylvester Stallone arbeitete an der Piazza XX Settembre im Nachbardorf Gioia del Colle als Barbier. Natürlich haben die Nachfahren inzwischen die Ehrenbürgerwürde erhalten.

23 Die Gemeinschaftsmühle

Alte Körner, junges Engagement

Der Eingang zu den Feldern, der früher von Traktoren befahren wurde, ist dicht zugewachsen. Diesen Anblick sieht man in ländlichen Gegenden Apuliens häufig. Er deutet auf ungenutzte Agrarflächen hin. Die Landwirtschaft ist nicht mehr lukrativ, und die jungen Menschen zieht es in die Städte. Folglich liegen Felder und Haine brach. Doch ein ambitionierter Freundeskreis hat sich diesem Thema auf praktische Weise angenommen.

Seit 2013 gibt es das Haus der Agrarwirtschaft. Es ist nach den Pionieren des italienischen Biolandbaus Tullia und Gino Girolomoni benannt und hat bereits gut 20 Hektar Land vor dem Verfall gerettet. Das Prinzip ist schnell erklärt: Auf den vergessenen, kostenlos zur Verfügung gestellten Flächen werden von den jungen Menschen, die sich in dieser Mission zusammengetan haben, antikes Getreide, Hülsenfrüchte und Gemüse ausschließlich mit natürlichen Methoden angebaut. Die Weiterverarbeitung der Ernte erfolgt in der Gemeinschaftsmühle.

In dem kleinen weißen Häuschen des *mulino di comunità* befindet sich eine Getreidemühle. Ihre Anschaffung wurde durch eine Crowdfunding-Aktion ermöglicht. Aus Prinzip kam für das Mahlen der besonderen Getreidearten nur eine Steinmühle in Frage. Denn so bleibt der wertvollste Teil des Getreidesamens, der Keim, erhalten. Und das schmeckt man. Selbst davon überzeugen kann man sich im hauseigenen Shop. Eine Bäckerei verarbeitet das gewonnene Mehl und stellt köstliche süße und salzige Snacks aus den verschiedenen Getreidearten her.

Für besonders viel Aufsehen sorgt dieses Projekt seit Jahren jeweils in den letzten Augusttagen. Da wird es in Castiglione d'Otranto grün. Während der »Notte Verde«, einem dreitägigen Festival, werden Veranstaltungen abgehalten, die sich mit Umweltthemen befassen, sowie Ausstellungen und Performances organisiert. Selbstverständlich enthält das Programm auch einen kulinarischen Teil.

Adresse Via Depressa, SP 167, 73030 Castiglione d'Otranto | Anfahrt 55 Kilometer südlich von Lecce, über die SS 16 und die SS 275 | Öffnungszeiten Mo – Sa 8 – 13 und 15 – 18 Uhr; »Notte Verde« 29. – 31. August | Tipp Unter freiem Himmel und mit Blick auf die Küste des Salento bis zum Morgengrauen feiern? Das geht im Blubay in der Via Sant'Antonio in Castro (www.blubaydiscoteca.it).

24 Die Grotta Zinzulusa

Stoff oder Stalaktit?

Tausende Menschen besuchen jährlich diese Grotte zwischen den Küstenstädtchen Santa Cesarea Terme und Castro, doch die wenigsten kennen die Legende, die sich um sie rankt.

Vom Meer aus sollen Fischer die vom Grotteneingang herabhängenden Stalaktiten gesehen und sie für Stoffreste gehalten haben. Daher hat die Grotte auch ihren Namen: Im örtlichen Dialekt sind *zinzuli* Stofffetzen. Doch woher sollten die zerrissenen Kleidungsstücke kommen?

Der Sage nach ließ ein reicher, verwitweter und geiziger Baron aus Castro seine Tochter ausschließlich schmutzige Stoffreste anziehen. Eines Tages begegnete dem traurigen jungen Mädchen jedoch eine Fee, die ihr ein wundervolles Kleid schenkte. Die alten Stoffreste wurden vom Wind an die Grottenmauern getragen, an denen sie versteinerten. Der Baron wurde zur Strafe in das Meerwasser unter der Höhle verbannt. Sobald er eingetaucht war, sollen die im Wasser befindlichen Meeresbewohner unverzüglich ihr Augenlicht verloren haben. Noch heute befinden sich an dieser Stelle der Grotte im glasklaren Wasser des kleinen Sees mit dem Namen Cocito blinde weiße Garnelen.

Eine weitere Tierart bewohnt den hintersten begehbaren Teil der Grotta Zinzulusa: *pippistrelli*, zu Deutsch Fledermäuse. Seit der Entdeckung der Grotte im Jahr 1793 hat ihre Anzahl allerdings drastisch abgenommen. Insbesondere die intensive Forschungszeit ab den 20er Jahren des 20. Jahrhunderts hat die Ruhe der nachtaktiven Tiere gestört. Seit die Grotte öffentlich zugänglich ist, können Besucher das Innere auf 150 Metern besichtigen und erfahren, wer vor ihnen hier war. Zum Beispiel Giuseppe und Gino. Sie haben ihre Namen und das Jahr 1933 an der Innenwand der Grotte mit Fledermauskot schriftlich festgehalten und sich so verewigt. Heutige Besucher möchten auch für immer bleiben – und zwar in dem Meerwasserpool, der Piscina Zinzulusa, direkt neben der Grotte.

Adresse Piazzale Zinzulusa, 73030 Castro, www.grottazinzulusacastro.it | Anfahrt 23 Kilometer südlich von Otranto, über die SP 87 und die SP 358 an der Küste bis Castro fahren, der Beschilderung zur Grotta Zinzulusa folgen | Öffnungszeiten Infos auf der Website oder unter Tel. +39/0836/943812 | Tipp Bei »Artefatto« an der Piazza Vescovado 2 in Castro gibt es personalisierte Souvenirs aus Terrakotta. Es ist ein Spaß für Groß und Klein, das kreative Mitbringsel eigenhändig zusammenzustellen.

25 Die Trullo-Galerie

Kunst und Kegel

Die Mailänder Galerie »Dep Art« von Antonio Addamiano zog im Jahr 2022 mit einem zweiten Standort ins Itria-Tal. Außerhalb des Dorfes Ceglie Messapica befindet sich nun »Dep Art Out«, ein Ort, an dem – wie in Norditalien auch – mehrmals im Jahr moderne und zeitgenössische Kunst ausgestellt wird. Doch nicht etwa in einem »White Cube«, in dem das Zusammenspiel zwischen Architektur der Ausstellungsfläche und Kunstwerk unterbunden werden soll, sondern in einem »White Trullo«, in dem die Kunst gewollt mit dem typischen kegelförmigen Bau Apuliens in ein symbiotisches Verhältnis gebracht wird.

Das für die Gegend um Brindisi charakteristische Rundhäuschen, der *trullo*, wurde vor der Eröffnung restauriert. Die weiße Farbe der unverputzten Steine sticht zwischen dem Rotbraun der Erde und dem Dunkelgrün der Pinien und Olivenbäume hervor. Doch eine wirkliche Konkurrenz bildet nur die majestätische Kastanie, die die Besucher auf dem Grundstück willkommen heißt.

Den Eingang des *trullo* sieht man von der Straße aus nicht. Er liegt auf der gegenüberliegenden Seite. Ein kurzer Spaziergang über das Feld führt zur Galerie und zu der von Mandelbäumen umringten kleinen Piazza. Hier versammeln sich die Gäste, denn die 20 Quadratmeter große Innenfläche unter den spitz zulaufenden Dächern reicht nicht aus, um alle Kunstliebhaber gleichzeitig zu beherbergen.

Eröffnet wurde »Dep Art Out« mit einer Ausstellung des deutschen Künstlers Wolfram Ullrich. Dieser fertigte für die drei kleinen runden Räume drei gleich aussehende geometrische Skulpturen aus verrostetem Stahl an. Sie wurden unterschiedlich gehängt und schienen in den kegelförmigen Ausstellungsflächen zu schweben. Inzwischen wurden in der Trullo-Galerie auch Videoarbeiten des verstorbenen Komponisten und Medienkünstlers Nam June Paik sowie Lichtinstallationen der deutschen Künstlerin Regine Schumann gezeigt.

Adresse Contrada Ulmo, 72013 Ceglie Messapica, www.depart.it | Anfahrt 45 Kilometer nordwestlich von Brindisi, über die SS 16 und die SP 581, Trullo 7 Kilometer vom Stadtzentrum entfernt | Öffnungszeiten von außen jederzeit, Informationen zu Ausstellungen unter Tel. +39/388/8550083 oder auf der Website | Tipp Dolcefarniente? Das lässt sich am besten auf der Piazza Plebiscito in Ceglie Messapica praktizieren. Im Schatten des wunderhübschen Uhrenturms kann man das Treiben in dem kleinen Dorf wunderbar beobachten.

26 Das kleinste Dorf Apuliens

Parlez-vous francoprovençal?

Steil bergauf geht es in das kleinste Dorf Apuliens, nach Celle di San Vito. Steil bergab hingegen gehen hier die Einwohnerzahlen. Mit »klein« ist an dieser Stelle nämlich »am wenigsten bevölkert« gemeint. Die Zahlen sinken kontinuierlich. Waren es 1881 noch 1.050 gemeldete Personen, so sind es heute nur noch 148. Fragt man die *cellesi* selbst, antworten sie, dass es eigentlich noch weniger seien.

Wie in so vielen Städten und Dörfern in Italien heißt die Hauptstraße auch in Celle di San Vito Via Roma. Hier liegen die Post, das Rathaus und die Kirche. *Basta*, der Rest sind einige wenige Wohnhäuser. Ein Erkundungsspaziergang ist schnell erledigt. Hier gibt es also nichts zu sehen – wären da nicht die Straßenschilder.

Kacheln zieren die Kreuzungen des Dorfes. Links oben das Wappen von Celle di San Vito. Mittig ist auf Italienisch zu lesen, wo man sich befindet. Doch was ist das oben rechts für ein Schriftzug? Viele Akzente zieren die Buchstaben. Es muss sich wohl um den italienischen Dialekt von Celle di San Vito handeln. *No*, oder besser: *non*. Gemeinsam mit dem nur wenige Kilometer entfernten Dorf Faeto bildet das kleinste Dorf Italiens eine frankoprovenzalische Sprachinsel.

Karl I. von Anjou sandte als König von Sizilien Ende des 13. Jahrhunderts französische Soldaten nach Apulien. Diese sollten die Aufstände der Sarazenen in Lucera unterbinden. Nach monatelanger Belagerung nahmen die französischen Truppen die Stadt ein. Die Familien der Soldaten zogen nach und ließen sich in der Region nieder. Somit legten sie den Grundstein für die bis heute andauernde sprachliche Verbindung zu diesen historischen Ereignissen. Die Gemeinde versucht mit Publikationen und Interviews mit den Dorfbewohnern, den Erhalt und die Erforschung der stark gefährdeten Minderheitensprache zu fördern. Vielleicht gelingt es, diese linguistische Besonderheit auch für die nächsten 700 Jahre zu bewahren.

Adresse 71020 Celle di San Vito | Anfahrt 40 Kilometer westlich von Foggia, über die SS 90, die SP 115 und die SP 123, außerhalb von Troia auf der Contrada Serra dei Bisi der Beschilderung nach Celle di San Vito folgen | Tipp Die Schlachterei Moreno im Nachbardorf Faeto bietet von Oktober bis April Fleischwaren an. Im höchstgelegenen Dorf Apuliens wird das Fleisch der hier heimischen schwarzen Schweine verarbeitet. Probieren kann man die lokalen Speisen im hauseigenen Restaurant Moreno in der Via Maria Petite Pierre 1 (Tel. +39/0881/973205).

27 Die Tenute Al Bano

Felicità und vieles mehr

Wer nach Cellino San Marco fährt, sieht viele kleine bunte Häuser, unzählige Weinreben und überdimensionierte Weinreklame-Tafeln. Das Dorf nennt sich *città del vino*, Stadt des Weines. Noch bekannter als die Reben dieser Region ist aber wohl der berühmteste Sohn der Gemeinde: Al Bano Carrisi. Der international erfolgreiche Sänger wurde hier im Jahr 1943 geboren.

Auf seinen Ländereien nahe der Ortsgrenze kann man in die von ihm geschaffene Welt eintauchen. Ein kleines, rustikales Dorf mit allen Annehmlichkeiten einer Hotelanlage, Spa und Schwimmbad inbegriffen, erwartet den Besucher der »Tenute Al Bano« – quasi ein Wein-Freizeitpark.

Ein Restaurant und der Weinkeller befinden sich ebenfalls auf dem Gelände. Beides ergänzt die 50 Suiten und Zimmer. Auch Führungen und Verkostungen werden angeboten. Denn ja, auch Al Bano macht *vino*, und das schon seit 1973. In den zwei Shops auf dem Gelände gibt es die Weine des Sängers, die selbstverständlich auf dessen musikalische Karriere anspielen und den Bezug zur Heimat und Familie herstellen, zu kaufen. »Felicità«, ein Weißwein, heißt wie einer der größten Erfolge des Duos Al Bano und Romina Power. Mit der amerikanischen Sängerin war Al Bano von 1970 bis 1999 verheiratet. Seit mehreren Jahren treten sie wieder gemeinsam auf und zieren regelmäßig die Klatschblätter der italienischen Presse. Dem Vater von Al Bano, von dem der Sänger das Weingut geerbt hat, ist hingegen der Rotwein »Don Carmelo« gewidmet.

Während man durch das Anwesen spaziert, vorbei an einer kleinen Kapelle, der Piazza Sophia Loren und der Piazza Adriano Celentano, ertappt man sich dabei, wie man Al Banos Lieder summt und still und heimlich hofft, dem Sänger zu begegnen. Allerdings sieht man ihn nur ab und zu von einem Schild herablächeln. Aber da ist er wieder, der Ohrwurm: »*Felicità è un bicchiere di vino con un panino, la felicità …*«

Adresse San Giovanni Bosco 1, 72020 Cellino San Marco, www.tenutealbano.com | **Anfahrt** 20 Kilometer südlich von Brindisi, über die SP 79 | **Öffnungszeiten** Besuch der Hotelanlage für Einzelpersonen uneingeschränkt möglich, Gruppen und Führungen (So 11 Uhr) nach Voranmeldung unter Tel. +39/0831/619211 oder groups@tenutealbano.com; Restaurant: nach Ostern täglich 13.15–15 und 20.15–22.30 Uhr, vor Ostern Sa 13.15–15 und 20.15–22.30 Uhr, So 13.15–15 Uhr, Tel. +39/0831/618260 | **Tipp** Wie wäre es mit einer »Wein-Hochzeit«? Sich zwischen den Reben im Weinanbaugebiet das Jawort zu geben, ist zum Beispiel im Castello Monaci in San Pancrazio Salentino möglich (www.castellomonaci.com).

28 Die Oliven-Genossenschaft

Die größte und schönste Olive Apuliens

Groß, größer, am größten. Gemessen wird die Größe der Olive aus Cerignola anhand von Gs. »Grande«, also groß, ist die kleinste Maßeinheit der Olive, aus diesen Exemplaren wird später einmal kaltgepresstes Olivenöl. »Grande grande« ist die nächste Maßeinheit, und mit genau 80 Stück der noch größeren Drei-G-Oliven wird ein Kilo Gewicht erreicht.

Da es sich bei dieser großen Olivenart auch um die schönste handelt, ist es selbstverständlich, dass die Ernte ab Anfang Oktober ausschließlich manuell erfolgt. Die knallgrünen Früchte der Olivenbäume sollen schließlich keine Schäden oder Verfärbungen erleiden. Das Sortieren übernimmt eine Maschine, deren Vorläufer im hauseigenen Museum der Genossenschaft zu betrachten ist. Vorbei an verschiedenen inzwischen verrosteten Geräten zur Verarbeitung der Oliven führt der Rundgang einige steile Stufen hinunter in den kühlen, unterirdischen Weinkeller. Riesige Fässer stehen hier aufgereiht und sind Zeugnisse aus der Zeit, in der primär der Wein »Santo Stefano« hergestellt wurde.

Der Gebäudekomplex, in dem früher die Weinproduktion und heute noch die Olivenverarbeitung stattfindet, entstand im Jahr 1886 auf Wunsch der adligen Familie Pavoncelli, die in Cerignola und Umgebung großen Einfluss hatte. In den ockerfarbenen Häusern wurde 1993 die Genossenschaft gegründet, die die hochwertigen Oliven vertreibt. Seit dem Jahr 2000 geschieht dies unter dem Siegel der geschützten Herkunftsbezeichnung DOP.

Unter dem Motto »Ohne Innovation keine Tradition« wurden zwei Patente angemeldet, die die Herstellung von roten und geräucherten Oliven ermöglichen. Sogar in Amerika gibt es viele Abnehmer für erstere Variante. Besonders zum *aperitivo* sind sie in Übersee sehr gefragt. Neben dem Geschmack scheint die Olive aus Cerignola auch durch ihre Größe und Perfektion zu überzeugen.

Adresse La Bella di Cerignola c/o Azienda Santo Stefano, Strada vicinale San Leonardo 16, 71042 Cerignola, www.labelladicerignola.com | Anfahrt 43 Kilometer südlich von Foggia, über die SS 16, Ausfahrt Cerignola Via Napoli nehmen, Genossenschaft 5 Kilometer außerhalb des Dorfes | Öffnungszeiten nach Terminvereinbarung unter Tel. +39/0885/422007 | Tipp In der Natur wandern, spazieren gehen oder Rad fahren – das geht im »Parco Naturale Regionale Fiume Ofanto«. Das Gebiet entlang des Flusses Ofanto wird von elf Gemeinden verwaltet (www.parcoofanto.it).

29 Die Gärten der Pomona

600 Feigen und 1 Kaki aus Nagasaki

Paolo Belloni und ein Gemälde der Pomona, der römischen Göttin der Baumfrüchte, begrüßen die Besucher in der Bibliothek. Hier beginnt Paolo die Führung mit Verweisen auf seine historischen Vorgänger, auf »Fruchtsammler«, die schon vor Jahrhunderten wirkten, wie etwa Cosimo III. de' Medici.

Im Jahr 1994 hat der Mailänder im Trulli-Tal das botanische Konservatorium gegründet, mit dem Ziel, die Biodiversität für die kommenden Generationen zu bewahren. Mit Begeisterung und Elan spricht Paolo von den inzwischen 1.200 Obstbäumen, die er auf seinem Grundstück sammelt. Eine Kostprobe der verschiedenen Feigenarten ist für die Besucher ein Genuss – Paolo dient sie der täglichen Kontrolle der Bäume und der Reife der verschiedenen Früchte. Zwischen der Verkostung einer bosnischen Feige und einer vom Gardasee lässt Paolo lateinische Begriffe fallen. Er macht auf den dringend notwendigen nachhaltigen Umgang mit unserem Planeten aufmerksam. Dabei stünden drei Themen im Vordergrund: die Vermeidung von Wasserverschwendung, der Kampf gegen den Wassermangel und die Versteppung der Böden sowie die Förderung der Artenvielfalt in der Landwirtschaft.

Gemeinsam mit Paolo schlendern die Besucher zwischen Pistazien- und Mandelbäumen umher und werden von ihm zu einem besonderen Ort geführt: dem Lavendellabyrinth. Als infolge der Zerstörung durch die Atombombe im August des Jahres 1945 in den Trümmern der japanischen Stadt Nagasaki ein Kakibaum gefunden wurde, bemühten Biologen sich um dessen Erhalt. In den 90er Jahren des letzten Jahrhunderts verschlechterte sich jedoch der Zustand dieser Pflanze. Inmitten des betörend duftenden lilafarbenen Labyrinths erblicken die Gäste ein zierliches Bäumchen. Es ist ein direkter Nachfahre der Kaki aus Nagasaki und steht als Zeichen des Friedens kerzengerade an der fruchtbarsten Stelle der Gärten der Pomona.

Adresse Conservatorio Botanico, Contrada Figazzano 114, 72014 Cisternino | **Anfahrt** 60 Kilometer nördlich von Brindisi, über die SS16, die SP91 Richtung Locorotondo nehmen, den Schildern Richtung Contrada Figazzano folgen | **Öffnungszeiten** täglich außer Do 9–13 und 16–20 Uhr | **Tipp** Bei Zio Pietro, einer Metzgerei, in der Via Duca D'Aosta 3 können rohe apulische Fleischspezialitäten an der Theke ausgesucht und anschließend gegrillt direkt vor Ort verzehrt werden.

30 Die Wallfahrtskirche

Der fliegende Frater

Prüfungen: Niemand mag sie, alle müssen sie im Leben ablegen. So auch der heilige Josef von Copertino. Nur mit Ach und Krach bestand er die Aufnahmeprüfung, um als Ordensbruder im Franziskanerkloster willkommen geheißen zu werden. So wie er im Gebet seine Lernschwierigkeiten überwand, beten heute italienische Studierende den heiligen Josef an, er möge ihnen bei der nächsten Prüfung zur Seite stehen. »Bitte den Herrn um Licht für meinen Geist und um Kraft für meinen Willen.« So lautet ein Gebetsspruch, der an den Schutzpatron der Prüflinge gerichtet ist.

Josef von Copertino ist außerdem der Schutzheilige der Piloten und wird seit dem 17. Jahrhundert auch »fliegender Frater« genannt. Ihm werden Levitationen, schwebende Ortswechsel ohne Hilfsmittel, nachgesagt. Geschlagene 100 Mal soll er sich in die Lüfte begeben haben, einmal sogar 60 Meter hoch. Dass dies nicht nur Vorteile wie die Verehrung durch die Gemeindemitglieder mit sich brachte, musste der Frater früh feststellen. Betrugsvorwürfe wurden laut, und ein Inquisitionsgericht nahm sich seines Falls an. Er wurde zwar freigesprochen, doch lebte er von nun an im Exil. Unter anderem in Assisi und Osimo, wo er auch verstarb – einer Legende nach grinsend.

100 Jahre nach seinem Tod wurde im Jahr 1758 die Wallfahrtskirche in seiner Geburtsstadt erbaut. In den Seitenräumen befinden sich etliche Reliquien. Hinter Glas liegt ein Holzlöffel, mit dem der Frater gegessen haben soll; Knochen verschiedener Körperteile des Ordensbruders können begutachtet werden. Auch Josefs Herz ist in der Kirche untergebracht. Erst im Jahr 1953 kam es an den Ort zurück, an dem sein Leben als Giuseppe Maria Desa begann. In einem kleinen Stall in einem apulischen Dorf namens Copertino – nicht zu verwechseln mit Cupertino in Kalifornien, das wenige Jahre nach seiner Heiligsprechung gegründet und nach dem Geburtsort Desas benannt wurde.

Adresse Via San Giuseppe 12, 73043 Copertino | Anfahrt 17 Kilometer südwestlich von Lecce, über die SP 16, den Schildern Richtung Leverano folgen und auf der SP 6 weiterfahren | Öffnungszeiten täglich 6.45–12 und 16.45–20 Uhr | Tipp Sehenswert ist auch das Kastell von Copertino. In diesem befindet sich auf dem Treppenaufgang, der vom Innenhof in den linken Flügel des Gebäudes führt, ein geheimer Raum, der nur auf Anfrage geöffnet wird. Stichwort: Cappella della Maddalena.

31__Das Castello de' Monti

Eintritt wird meistens gewährt

Wer hätte nicht gern die Schlüssel eines Schlosses und würde einmal in jedes Zimmer spähen oder gar im Festungsturm übernachten wollen? Genau das ist in Corigliano d'Otranto möglich. Im Rahmen eines Projektes finden im dortigen Kastell Ausstellungen, Konzerte, Führungen, kurz kulturelle Veranstaltungen aller Art statt. Doch begonnen hat alles viel früher.

Die erhaltenen viereckigen Türme sowie Ausgrabungen erzählen von der Zeit des Castello als Bastion im 13. Jahrhundert. Der Graf Giovan Battista de' Monti ließ die Anlage im Jahr 1514 erweitern und an die neuen Kriegserfordernisse anpassen. Denn durch die aufkommende Verwendung des Schießpulvers wurde zum Schutz der Anlage eine umgebende Festung nötig. Man errichtete vier Rundtürme und widmete jedem einen Heiligen: San Michele, San Giovanni, San Giorgio und Sant'Antonio. Sie wachen noch heute an den Türmen.

Mitte des 17. Jahrhunderts wurde die »doppelte« Festung vom Baron Francesco Trane aufgekauft und zu einem Adelssitz umfunktioniert. Dabei wurde sie zu einem Schloss aufgehübscht und im Inneren mit Wandmalereien verziert. Außen schmücken Büsten von Eroberern die Fassade, kein Geringerer als Christoph Kolumbus, der Entdecker Amerikas, blickt einen von dort aus an.

Auch der Hausherr Francesco Trane selbst bewacht stolz von der höchsten Position der barocken Frontalseite aus den Eingang, und er hat viel zu tun. Seit 1788 gingen sehr viele Menschen hier ein und aus. Das Castello diente als Mühle, Tabakfabrik und gab unzähligen Familien Obdach. Heute wird das Kastell von motivierten und kreativen Menschen aus dem Salento bespielt. Es scheint, als wäre der Baron sehr einverstanden mit dem vielfältigen Programm, doch seine Haltung hat auch etwas Aufforderndes, so als wollte er ein »Permesso?« hören. Mit dieser Frage sichert sich der Besucher in Italien das Zutrittsrecht. *Allora, permesso, barone?*

Adresse Piazza Castello 1, 73022 Corigliano d'Otranto | Anfahrt 25 Kilometer südlich von Lecce, über die SS 16 | Öffnungszeiten Di–Fr 9–14 Uhr, Sa, So 10–15 Uhr, Informationen zu Veranstaltungen und Anmeldung zu Führungen unter Tel. +39/351/9137972 | Tipp Seit dem Jahr 1479 steht in der von der Piazza San Nicola abgehenden Gasse Vico Freddo der Arco Lucchetti. Verschiedene Symbole und Inschriften zieren den steinernen Torbogen, der zu einem von privaten Wohnungen umgebenen Innenhof führt.

32 Die Bucht Acquaviva

Sprung ins kalte Wasser

Auf der adriatischen Seite des Stiefelabsatzes, zwischen den Dörfern Castro und Marittima, befindet sich leicht versteckt in einer Kurve diese kleine, malerische Bucht. Ein wolkenloser Himmel trifft im Sommer auf sattes Grün und unzählige Nuancen von Blau. Ein perfekter Ort für beneidenswerte Urlaubsfotos. Das denken in der Hochsaison viele! Wer eine freie Parklücke findet, hat Glück. Daher der Tipp: Planen Sie diesen Besuch antizyklisch. Vielleicht lohnt es sich, trotz Urlaub einmal ganz früh aufzustehen, um einen Platz auf den hohen Felsen zu ergattern.

Die bequemsten Sitzflächen für Sonnenbadende sind schnell belegt. Genauso wie die unter den Schatten spendenden Pinien. Hier wird der Mittagsproviant ausgepackt, Kinder schlafen, und ihre Eltern genießen zufrieden die kleine Auszeit beim *gelato* oder der Lektüre der rosa Fußballzeitung »Gazzetta dello Sport«. Im Schatten lässt es sich aushalten. Gut so, denn ins Wasser geht hier nur, wem es deutlich zu heiß ist, was natürlich in der prallen Sonne schneller der Fall ist.

Die Zeh-Probe ergibt: Das Wasser ist kalt. Um nicht zu sagen eisig. Und das macht es so unterhaltsam, die Menschen zu beobachten, die sich voller Elan nichts ahnend in die Fluten wagen. Begibt man sich auf den verschieden großen Steinen in Richtung Buchtöffnung, stellt man fest, dass das Wasser an manchen Stellen förmlich blubbert. Nicht vor Hitze, sondern vor Kälte. Dafür sorgen mehrere Kaltwasserquellen.

Sowohl der Sand am Fuß als auch die Wasserblase am Schienbein ist überraschend kalt, was sich in den Gesichtern der Badenden widerspiegelt. Wer also nicht hinter langsam voranschreitenden Badenden im knöcheltiefen Wasser anstehen möchte, für den empfiehlt sich ein beherzter Sprung von den Felsen ins kalte Nass. Der Anblick der Bucht vom Wasser aus ist herrlich, ebenso wie die ruhige und romantische Atmosphäre in den Abendstunden.

Adresse Via Litoranea 77, 73030 Diso | Anfahrt 25 Kilometer südlich von Otranto, über die Küstenstraße SP 87 und die SP 358 | Tipp Eine der ältesten Eichen Europas, die Quercia Vallonea, steht an der Strada Provinciale 78 im Parco Natura von Tricase.

33 Die Piazza Giordano

Musica, maestro!

Die *bambini* toben auf dem Platz. Ein Ball fliegt haarscharf rechts an der Statue von Andrea vorbei, an der von Umberto wird hochgeklettert. Es sind insgesamt acht Bronzestatuen, die den Komponisten Umberto Giordano und die Hauptfiguren seiner sieben berühmtesten Opern darstellen. Uraufgeführt wurde sein musikalisches Drama »Andrea Chénier« im Jahr 1896 an der Mailänder Scala. Diese Oper wird noch immer weltweit inszeniert. Unter anderem mit dem Tenor Jonas Kaufmann in der Rolle des – Achtung, Spoiler – auf der Guillotine endenden französischen Dichters, nach dem das Stück benannt ist.

Die Piazza ist ein beliebter Treffpunkt in der Shoppingmeile Foggias. Die Sockel, auf denen die Statuen und Daten der Erstaufführungen stehen, dienen als Pausenbänke für ermüdete Einkaufslustige.

Ob Mailand, Paris oder New York, Giordanos Opern konnten auf internationaler Ebene Erfolge verzeichnen. Ebenso schaffte es die Arie »La mamma morta«, gesungen von der Sopranistin Maria Callas, 45 Jahre nach dem Tod des Künstlers in das Filmdrama »Philadelphia«. Hollywoodfans erinnern sich an dieser Stelle an die bewegende Szene zwischen Denzel Washington und Tom Hanks, den beiden Protagonisten des mit zwei Oscars prämierten Films.

Eine Gedenktafel an seinem Geburtshaus in der Via Peschiera erinnert an die Verbindung zwischen Giordano und Foggia. Auch das Theater und das Konservatorium sind nach ihm benannt. Man könnte meinen, die Stadt wollte sich mit dem Komponisten versöhnen. Denn 1892 kam es zum Bruch zwischen Giordano und seiner Heimatstadt. Er führte seine Klavierstücke aus dem Bühnenwerk »Malavita« auf, doch nach der Vorführung blieb es still, mucksmäuschenstill, der Applaus setzte nicht ein. Das Publikum hatte sich während der Darbietung anderweitig beschäftigt. Der Anblick der Karten spielenden Personen war so verletzend, dass Umberto Giordano erst 1928 wieder nach Foggia reiste.

Adresse Piazza Umberto Giordano, 71100 Foggia | Anfahrt über die SS 16 oder die SS 89 | Tipp In der Villa Comunale Karol Wojtyła, der Grünanlage der Stadt, können sich Kinder austoben und Jogger ihre Runden drehen. Gemütliches Flanieren ist ebenfalls erlaubt.

34 Das Trainer-Graffito

Foggias Fußballheld

Wer sich für Fußball interessiert, weiß vielleicht, dass es in Apulien die rivalisierenden Clubs SSC Bari und US Lecce gibt. Wenig charmante Bezeichnungen der jeweils anderen Mannschaft lassen sich an Autobahnbrücken, Straßenschildern und in Stadionnähe ausmachen. Als »Lecce«-Fan muss man allerdings zugeben, dass »Bari« im etwas imposanteren Stadion spielt. Das Stadio San Nicola ähnelt einem Raumschiff und wurde von keinem Geringeren als dem Stararchitekten Renzo Piano entworfen. Nach einem Heimspiel von »Lecce« können sich die Fans des Vereins aus dem Salento wiederum am Meer von 90 Minuten Spannung erholen. Das Stadio Via del Mare liegt nämlich nur zehn Autominuten davon entfernt.

Doch es gibt da noch einen dritten Verein, der Beachtung verdient: der Club Calcio Foggia 1920. Dessen Stadio Pino Zaccheria ist fußläufig vom Stadtzentrum zu erreichen und war der Schauplatz von »Zemanlandia«. Gemeint sind die spektakulären Jahre des Clubs zu Beginn der 1990er Jahre. Alles dank eines einzelnen Herren: Zdeněk Zeman, Jahrgang 1947. Der tschechisch-italienische Trainer machte sich mit seinem offensiven 4-3-3-System in Italien und Europa einen Namen. In der Saison 1990/91 brachte er Foggia in die Serie A, in der die Mannschaft bis zu seinem Wechsel zu Lazio Rom im Jahr 1994 blieb. Am Ende reichte es dort einmal für einen neunten Platz, den bislang größten Erfolg der Vereinsgeschichte.

Klar, dass Zdeněk Zeman in Foggia ein beliebter Mann ist. Seit 2022 befindet sich ein Wandbild von ihm im Stadtzentrum. Das Künstlerpaar Caktus & Maria malte das Porträt des Trainers, der, umrandet von den Vereinsfarben Schwarz und Rot, zielstrebig nach vorne schaut.

Die Fußballfans von Foggia gehen gern durch diese Gasse, schwelgen in Erinnerungen und hoffen auf eine baldige Wiederholung des Wunders, denn seit Jahren dümpelt der Verein in den unteren Ligen des italienischen Fußballs vor sich hin.

Adresse Vico la Porta 1, 71121 Foggia | **Anfahrt** über die SS 16 oder die SS 89 | **Tipp** In der Enoteca Uvarara in der Via Mastrolillo 15 gibt es apulischen Gin. Der Gin di Puglia wird unter anderem mit Olivenblättern und Olivenöl hergestellt (täglich außer Di 19.30–24 Uhr).

35 Der Wegweiser

Von den Abruzzen nach Apulien und zurück

Auf den Straßen vor der Porta Arpana wird gehupt, auf dass es schneller vorangehen möge. Autos reihen sich vor der Ampel aneinander, und ihre Fahrer versuchen, zeitnah über die Kreuzung am Konservatorium Umberto Giordano zu kommen. Man biegt rechts und dann wieder links ab, fährt schließlich in die heutige Via Alessandro Manzoni. Früher hieß sie Via Epitaffio, weil hier ein Monument inklusive Gedenktafel stand, das noch immer existiert. Das Denkmal für die Wanderschäferei zwischen den Regionen Abruzzen und Apulien hat dem verheerenden Erdbeben im Jahr 1731 und den Bombardierungen im Jahr 1943 während des Zweiten Weltkrieges getrotzt.

Früher sicherlich von größerer Bedeutung, symbolisiert die achteckige Säule noch heute die Kreuzung von zwei Triften, den ehemaligen Wanderwegen von Menschen und Tieren. Hier startete und endete die Wanderschäferei, auch Transhumanz genannt. Jeden 29. September begann das Viehtreiben. Am Gedenktag des Erzengels Michael ging es auf 243 Kilometern von der Stadt L'Aquila Richtung Süden nach Foggia. Nachdem die Tiere hier überwintert hatten, marschierte man ab dem 8. Mai, ebenfalls einem Gedenktag zu Ehren des Heiligen, wieder zurück in die Abruzzen. Diese *transumanza* dauerte pro Strecke circa drei Wochen. Heute reicht ein Tagesausflug per Lastwagen für die Übersiedlung der Schafe.

Das Denkmal wurde im Jahr 1651 erbaut, und an einer seiner acht Seiten befindet sich das Epitaph. Auf diesem ist zu lesen, dass es dem spanischen König Philipp IV. gewidmet ist, da unter seiner Herrschaft die Wege für die Schäferei wiederhergestellt wurden.

Eine Figur, die auch »Statue des Schatzes« genannt wird, thront ganz oben auf der Säule. Denn seit dem Jahr 1468 regelte der Zoll die Wandertierhaltung, die die Staatskassen des Königreichs Neapel füllte, dessen Oberhaupt Philipp IV. und später sein Sohn Karl II. war.

Adresse Via Alessandro Manzoni 35, 71121 Foggia | **Anfahrt** über die SS 16 oder die SS 89 | **Tipp** Unscheinbar steht zwischen den parkenden Autos der Piazza Vincenzo Nigri ein letztes architektonisches Überbleibsel des kaiserlichen Palastes von Friedrich II. Allein der auf der Rückseite des Museo Civico eingemauerte Torbogen ist von der ehemaligen Residenz erhalten geblieben.

36 Die Pasticceria Ascalone

Ein köstliches Schlamassel

In Lecce und Umgebung liegt morgens oft der Duft von frisch gebackenen Köstlichkeiten in der Luft. Es handelt sich jedoch nicht um die *cornetti*, die andernorts in Italien üblicherweise zum Cappuccino gegessen werden. Nein, hier im Salento beginnt der Morgen mit einem *pasticciotto*.

Inzwischen bekommt man vielerorts eine große Auswahl an Mürbeteigküchlein, bei der die Füllungen von klassischer *crema pasticcera* über Nutella bis zu Feigenmarmelade mit Walnüssen variieren können. Das Original aber gibt es nur in Galatina.

Im Jahr 1745 neigte sich der Arbeitstag von Nicola Ascalone dem Ende zu. Allerdings waren noch Teig und Creme übrig. Er beschloss, die Reste zu verwerten, gab den Teig in ein ovales Förmchen, füllte es mit der Creme und bedeckte alles mit einer weiteren Schicht Teig. Das entstandene Mürbeteiggebäck glich jedoch eher einem *pasticcio*, einem Schlamassel, als einem raffinierten Küchlein. Ein Nachbar, angelockt vom Duft, probierte den *pasticciotto* als Erster. Ganz angetan von der neuen Kreation, bestellte er mehrere für eine Familienfeier und begründete so ein in Lecce und Umgebung inzwischen mehrere Jahrhunderte andauerndes Frühstücksritual.

Heute führen die Erben die Konditorei in der elften Generation. Besonders Andrea Ascalone ist den »Schlamassel-Liebhabern« im Gedächtnis geblieben. Er verkaufte die Küchlein ausschließlich so, wie er es für richtig hielt, nämlich lauwarm. Wollten Kunden einen frisch gebackenen *pasticciotto*, bat er um etwas Geduld und erklärte, dass man doch den guten Mürbeteig nicht schmecke, wenn die *crema* so heiß sei, dass es einem die Zunge verbrenne. Auch das Vorhaben, *pasticciotti* mitzunehmen oder gar zu exportieren, wurde von Andrea Ascalone nicht unterstützt. Kalt schmecke der Mürbeteigkuchen nun wirklich nicht. Gut, dass sich inzwischen Bäckereien in ganz Italien des Schlamassels angenommen haben und *pasticciotti leccesi* anbieten.

Adresse Via Vittorio Emanuele 17, 73013 Galatina | **Anfahrt** 25 Kilometer südlich von Lecce, über die SS 101, Ausfahrt Galatina nehmen und weiter auf der SP 18 | **Öffnungszeiten** Di–So 9–13.30 Uhr, Vorbestellungen unter Tel. +39/0836/566009 | **Tipp** Extrawünsche, so sagt man im Süden des Salento, werden in dem Dorf Cutrufiano erfüllt – und zwar aus Ton. Typische apulische Keramik wie die glücksbringenden »Pomi«, knospenartige Dekorationen, gibt es in vielen Töpfereien der Gegend.

37 Der griechische Brunnen

Was kostet der älteste Brunnen Italiens? 170 Lire!

Das historische Stadtzentrum Gallipolis befindet sich auf einer Insel. Um auf diese zu gelangen, muss man eine Brücke überqueren. Sie verbindet die Neustadt mit der Altstadt. Doch bevor man die Umrundung des *centro storico* auf der anderen Seite der Brücke beginnt, sollte man einen Blick nach links werfen. Hier steht, noch auf dem Festland, *la fontana greca*, der griechische Brunnen. Über das tatsächliche Alter dieses Brunnens wird weiterhin debattiert. Eine Begutachtung lohnt sich jedoch allemal, selbst wenn es sich nicht um den ältesten Brunnen Italiens handeln sollte.

Seine zwei Fassaden sind fünf Meter hoch und sowohl an der Vorder- als auch an der Rückseite reich verziert. Der Schatten des Brunnens wird von Spaziergängern und von einer Malgruppe gern als Treffpunkt genutzt. Auf dieser »Schattenseite«, die im 18. Jahrhundert entstand und als Stütze der antiken »Sonnenseite« dient, sind verschiedene Wappen zu sehen. Unter anderem das der Stadt: Ein gekrönter Hahn hält den Schriftzug »fideliter excubat«, was übersetzt »Treu bewacht« bedeutet.

Wind und Wetter haben dem Gestein im Lauf der Jahrhunderte zugesetzt. Doch anhand von Überlieferungen kann das Relief der »Sonnenseite« des Brunnens entschlüsselt werden. Es handelt sich um mythologische Szenen aus Ovids literarischem Hauptwerk »Metamorphosen«. Die Verwandlungen von Dirce, Salmakis und Byblis wurden hier verewigt. Alle drei Frauen wurden infolge ihrer Taten zu Quellen. Noch in den 50er Jahren des 20. Jahrhunderts war der Brunnen Anlaufpunkt für Familien, die nicht über fließend Wasser in ihren Häusern verfügten. Heute spendet er kein Wasser mehr.

Aufgrund seiner imposanten Erscheinung hat die italienische Post den Brunnen im Jahr 1976 in die Sammlung der bedeutendsten Wassermonumente Italiens aufgenommen. Für 170 Lire konnte man den griechischen Brunnen aus Gallipoli kaufen – als Briefmarke.

Adresse Corso Roma, 73014 Gallipoli | Anfahrt 50 Kilometer nördlich von Santa Maria di Leuca an der Westküste, über die SS 274 | Tipp In der Via Antonietta de Pace 63 weihnachtet es das ganze Jahr über. Selbst im Hochsommer kann man bei »It's a Small Christmas World« die Weihnachtsdekoration vervollständigen.

38 Die Kirche San Francesco

Scheußliche Schönheit

Der Name »Gallipoli« leitet sich vom Griechischen ab und bedeutet so viel wie »schöne Stadt«. Bei einem Besuch der Altstadt mit ihren kleinen, engen Gässchen und der belebten Promenade, von der aus Spaziergänger auf das Ionische Meer schauen können, lässt es sich leicht bestätigen: »*È bella, Gallipoli!*« Bei Sonnenuntergang, während sich alles auf den *aperitivo* mit Meerblick vorbereitet, schimmern einige Gebäude golden. Das liegt an einem Baumaterial namens Carparo. Dieser kalkhaltige Tuffstein ist in Apulien weit verbreitet. Wird er von der Sonne beschienen, strahlt er förmlich.

Es ist aber nicht alles Gold, was glänzt. Zwar wurde die Kirche San Francesco d'Assisi im 13. Jahrhundert auch aus Carparo errichtet, doch tuschelt man über ihr Inneres. Die Holzfigur des »Malladrone«, um den es dabei geht, befindet sich gleich rechts, in der ersten von insgesamt zehn Seitenkapellen. Zwei hohe Holzkreuze stehen hier. An diesen sind links Dismas und rechts Gestas zu erkennen. Beide Übeltäter wurden gemeinsam mit Jesus gekreuzigt. Der *buon ladrone*, Dismas, zeigt laut Lukasevangelium am Kreuz Reue. Der *mal ladrone*, Gestas, verhöhnt hingegen noch am Kreuz Jesus und verwirkt so seine Gnade.

Es soll der italienische Schriftsteller Gabriele D'Annunzio gewesen sein, der während eines Aufenthalts in Gallipoli im Jahr 1895 die besagte Holzfigur zu sehen bekam und den Begriff *orrida bellezza* prägte, was so viel wie »abscheuliche Schönheit« bedeutet. Durch die realistische Ausdrucksweise, sein böses, spöttisches Grinsen ist Gestas nun italienweit bekannt. Die »schöne Stadt« besitzt die vielleicht hässlichste Figur ganz Italiens!

Doch nicht nur das. Die Figur des »Malladrone« bekommt mehrmals im Jahr neue Kleider. Der Stoff zersetzt sich, und die Fetzen fallen zu Boden. Der ewige Verschleiß seiner Kleidung wird in Gallipoli als Zeichen dafür gesehen, wie die Sünde der Seele zusetzt.

Adresse Riviera Nazario Sauro, 73014 Gallipoli | **Anfahrt** 50 Kilometer nördlich von Santa Maria di Leuca an der Westküste, über die SS 274 | **Tipp** Frischer kann Fisch nicht sein: Am Lungomare Marconi werden die Spezialitäten aus dem Meer direkt vom Boot aus verkauft. Verspeisen kann man sie in einem der vielen Restaurants.

39__Der botanische Garten

Mein kleiner grüner apulischer Kaktus

Es raschelt. Mal von oben, mal von unten. Auf Schritt und Tritt wird dieses Geräusch von aufgeregtem Vogelgezwitscher begleitet. Da haben wir schon zwei Tierarten, die Vögel und die Eidechsen, die sich auf dem großzügigen Gelände des botanischen Gartens wohlfühlen. Im Lauf des Besuchs werden noch viele Arten dazukommen, sowohl tierische als auch pflanzliche. Eine Streicheleinheit beim kuschelfreudigen Esel zum Beispiel sollte man sich keinesfalls entgehen lassen.

Doch der unangefochtene Hauptdarsteller ist die Kakteensammlung von Salvatore Cezzi, dem Gründer von »La Cutura«. Durch seine Leidenschaft für die stacheligen Pflanzen ist dieser Garten der größte des Salento. 2.000 Kakteen und Sukkulenten befinden sich im 16 Meter hohen Gewächshaus. Vorbei an riesigen Rosmarinbüschen, wunderschönen Pflanzen und Bäumen gelangt man zur Konstruktion aus Eisen und Polykarbonat, die 1998 entstand. Das Gewächshaus schafft es, die Außentemperatur um fünf bis zehn Grad zu steigern. Damit fühlen sich die Kakteen und Sukkulenten aus aller Welt auch in Giuggianello heimisch. Ob rund und stachelig oder kerzengerade und bärtig, alle Kombinationen sind hier vereint.

Die schrägen Dachelemente des Treibhauses erfüllen gleich zwei Funktionen: Das Regenwasser läuft in eine Zisterne und wird für die Bewässerung der Pflanzen des botanischen Gartens gesammelt und genutzt. Zum anderen fällt die Sonne durch die Neigung nicht im Zenit ins Gewächshaus ein. Denn auch Kakteen kann es zu heiß werden. Die Exemplare aus Mexiko, Afrika und Lateinamerika wachsen bei diesen Verhältnissen besonders gut. Aber wer weiß, vielleicht liegt es auch an der sanften Hintergrundmusik, die in der schwülen Behausung ertönt. Verschiedene Kompositionen von Ernesto Cortázar Junior, einem mexikanischen Pianisten, sind hier tagein, tagaus zu hören und sorgen für fröhlich mitsummende Besucher.

Adresse Contrada Cutura, 73030 Giuggianello | Anfahrt 36 Kilometer südlich von Lecce, über die SS 16, den Schildern Richtung Poggiardo folgen und auf der SP 363 weiterfahren | Öffnungszeiten Sommer: Mo – Sa 10 – 13 Uhr, So 10 – 18.30 Uhr; im Winter abweichende und verkürzte Öffnungszeiten | Tipp Für den kleinen oder großen Hunger bietet das Restaurant des botanischen Gartens im Winter sonntagmittags und im Sommer täglich abends lokale Gerichte an. Reservierungen sind erbeten (Tel. +39/335/8262477).

40__Die Krypta

Käse, Wein und Pizzica

Auf dem Hügel San Giovanni wird seit dem 18. Jahrhundert gemeinsam gegessen und getanzt. »1721« lautet die Inschrift an der Mauer der Krypta byzantinischen Ursprungs. Der Vater eines Mädchens hübschte in jenem Jahr die verlassene und vernachlässigte Höhlenkirche als Dank für die Heilung seiner kranken Tochter auf. Diese hatte trotz ihres Gesundheitszustands der Familie beim Hüten der Schafherde geholfen. In der Nähe der Krypta war dem Mädchen der heilige Johannes erschienen und hatte ihre Genesung versprochen. An jedem folgenden Johannistag bot der Vater des Mädchens im Anschluss an die Messe Käse und Wein an. Aus Dankbarkeit dem Heiligen gegenüber. Auf den religiösen Teil folgte stets ein ausgelassenes Beisammensein. Zu fortgeschrittener Stunde soll die Tenne gar als Tanzfläche genutzt worden sein. Man hörte nun nicht mehr wie sonst tagsüber das Geräusch vom Dreschen des Getreides, sondern den Pizzica-Rhythmus.

Diese Tradition wurde weitergeführt, und so findet seitdem – mit vereinzelten Unterbrechungen – in Giuggianello am 24. Juni jeden Jahres die Sagra di San Giovanni statt. Die mit Fresken bemalte Krypta steht dabei im Mittelpunkt. Genauso wie zur Wintersonnenwende, bei der die Sonnenstrahlen in das Innere der Höhle gelangen und das Fresko über dem Altar wie ein Scheinwerfer anstrahlen.

Die Idee, diesen Ort ganzjährig zu nutzen, griff der Gastronom Antonio Vergari auf und eröffnete mit seiner Frau das Restaurant »Il Fòllaro« auf 120 Meter Höhe. Inzwischen mischen auch die Söhne Riccardo und Mattia mit und haben den Hügel in einen *place to be* verwandelt. Der Open-Air-Aperitif zwischen Olivenbäumen mit Blick auf das Tal reizt sowohl die jungen Dorfbewohner aus der Umgebung als auch deren Eltern, die sich anschauen wollen, wo ihre Kinder die Sommernächte durchtanzen. Die vielen bunten Sitzkissen der Location müssen nämlich weichen, wenn die DJs zu späterer Stunde anfangen aufzulegen.

Adresse SP 235, 73030 Giuggianello | **Anfahrt** 36 Kilometer südlich von Lecce, über die SS 16, den Schildern Richtung Poggiardo folgen und auf der SP 363 weiterfahren | **Öffnungszeiten** April–Sept. Bar 18–2 Uhr, Restaurant 20–24 Uhr | **Tipp** Rund um Giuggianello finden sich mehrere Dolmen und Menhire. Auf den Spuren der Megalithkultur lässt sich die Landschaft des Salento erkunden.

41 Das Museum der Cola Cola

Cucù

Bunt sind sie, die Elstern von Gravina. Ihre Farbenpracht steht für die apulische Natur. Rot wie die Mohnblüten, die im Frühling auf den Feldern regelrecht zu explodieren scheinen, blau wie der Himmel, grün wie die Natur und gelb wie der Weizen, der hier angebaut wird.

Marco Loglisci hat bereits mit sieben Jahren Cola Cola hergestellt. Er ist in fünfter Generation für die Tonpfeifen zuständig, deren Kamm dem eines Hahnes ähnelt. Sein Vorfahre Vincenzo war es, der 1858 die Idee zu dieser Version des Spielzeugs hatte. Den Winter über wurden von der Familie unzählige Elstern aus Ton angefertigt, die dann im Mai im Rahmen des Volksfestes zu Ehren der Madonna Annunziata allesamt verkauft wurden. Bis in die 1960er Jahre galten sie als Mitbringsel beim Besuch des Wallfahrtsortes. Der Großonkel von Marco, Beniamino, erinnerte sich noch gut an den umständlichen Transport der zerbrechlichen Kreaturen, die jährlich ins 15 Kilometer entfernte Dorf Picciano gebracht wurden. Bei Regenwetter mussten die vielen Cola Cola nämlich in Rucksäcken getragen werden, während ansonsten per Pferd gezogene Anhänger zum Einsatz kamen.

Noch heute werden die Vöglein per Hand geknetet. Es folgt das Durchlöchern des Tons, damit die Pfeifen auch das charakteristische »Kuckuck«, italienisch *cucù*, von sich geben. Anschließend werden die noch grauen Modelle getrocknet und elf Stunden bei 1.000 Grad gebrannt. Einmal erkaltet, geht es an die Ausgestaltung der verschieden großen Pfeifen und Statuen.

Bis 2017, dem Todesjahr von Beniamino Loglisci, lebte und arbeitete die Familie in dem Gebäude, in dem sich heute das Museum befindet. Eine steile Treppe führt hinauf in die ehemaligen Wohnräume. Das Wohnzimmer wurde zum Ausstellungsraum umfunktioniert, im ehemaligen Esszimmer bemalt Marco die Elstern, wenn er nicht gerade den schönen Ton der Cola Cola erklingen lässt.

Adresse Piazza Benedetto XIII 24, 70024 Gravina in Puglia, Tel. +39/388/1841197 | Anfahrt 62 Kilometer westlich von Bari, über die SS 96 | Öffnungszeiten täglich 9–13 und 15.30–19 Uhr | Tipp Ein Spaziergang über den Ponte dell'Acquedotto mit Blick auf die Schlucht von Gravina ist beeindruckend. Ebenso wie die Stunt-Szene aus dem 007-Film »Keine Zeit zu sterben«, die hier gedreht wurde.

42__Die Casa Vestita

Villa Kunterbunt aus Keramik

Das »angezogene Haus«, so heißt dieser Ort übersetzt. Doch ist Vestita auch der Nachname von Cosimo. Er träumte bereits als Kind von einer eigenen Villa. Es war kein Traum im übertragenen Sinne, nein, tatsächlich wurde sein Schlaf von der Vorstellung begleitet, ein großes Haus zu finden, in dem er mit seiner Familie leben könnte.

Via Francesco Crispi 63/A. Fast übersieht man diesen unscheinbaren Hauseingang. Das war von den adeligen Vorbesitzern der Casa Vestita auch so gedacht. Der »geheime« Garten samt Feigenkakteen, Granatapfelbäumen und Brunnen ist von der Straße aus nicht zu erkennen. So ließ sich ungestört fernab von neugierigen Blicken Konversation betreiben.

Heute kann man hier ebenfalls wunderbar verweilen. Dazugekommen ist nämlich Cosimos Keramiksammlung aus verschiedenen Jahrhunderten. Farblich angeordnete Schalen, Teller und Krüge liegen im Gebäude aus, und übergroße ockerfarbene Amphoren reihen sich im Garten aneinander. Er kaufte das Haus im Jahr 1995 und erfüllte sich so seinen Lebenstraum. In manchen Fällen übertrifft die Realität sogar den Traum. Auch bei der Casa Vestita, wo bei Renovierungsarbeiten römische Böden, Zisternen und eine unterirdische Kapelle auftauchten. Diese war jahrhundertelang von einer Mauer verdeckt, dabei aber auch vor Abnutzungen geschützt worden.

All diese Räumlichkeiten können während eines Aufenthaltes in Grottaglie besucht werden. Nicht auslassen sollte man die Bottega Vestita, die Werkstatt der Familie. Hier sieht man Cosimo in Aktion, während er die von seinem Bruder modellierte Töpferware bemalt. Mit hoher Wahrscheinlichkeit werden die Besucher spätestens jetzt – wie Cosimo – zu Keramiksammlern. Die Ausrede, dass man mit dem Flugzeug angereist sei, zählt nicht, denn alle Hersteller von Geschirr, Lampen und Statuen versenden die zerbrechlichen Objekte per Kurier gut verpackt in die ganze Welt.

Adresse Via Francesco Crispi 63/A, 74023 Grottaglie | Anfahrt 23 Kilometer östlich von Tarent, über die SS 7 | Öffnungszeiten Führungen auf Anfrage unter Tel. +39/346/1572422; Bottega Vestita täglich 9 – 12 und 17 – 21 Uhr | Tipp Noch nicht genug von Keramik? Im Castello Episcopio können im Museo della Ceramica weitere Arbeiten aus bemaltem Ton bewundert werden.

43 _ Das Künstleranwesen

Kunst oder Kitsch?

Inmitten von Weinreben, nahe dem verlassenen Bahnhof von Guagnano, befindet sich das Anwesen, auf dem sich der Künstler Vincenzo Maria Brunetti nun seit Jahrzehnten austobt. Zwei große, bunte, mit Mosaiken versehene Mauern am Eingang schreien förmlich: »Sie haben Ihr Ziel erreicht!« Das Haupthaus mit seinem mit Statuen verzierten Spitzdach lockt die Besucher als Erstes. Eine Kopie des Davids von Michelangelo weist den Weg. Unterschiedlich geflieste farbige Stufen führen zum Eingang des Hauses. Heiliges und Profanes teilen sich den Platz auf der Balustrade. Wie schon draußen überflutet auch die Ausgestaltung der Räume die visuelle Wahrnehmung. Verschiedene Farben und Formen, unterschiedliche Materialien und zusammengewürfelte Statuen aller Art ergeben das bizarre Künstlerhaus.

Die Neugierde, wie es wohl im nächsten Zimmer aussieht, treibt die Besucher von Raum zu Raum und von Etage zu Etage. Ganz oben angekommen, ermöglicht der Blick von der kleinen Terrasse die Sicht auf das ganze Gelände. Dabei entdeckt man weitere Gebäude, die besichtigt werden wollen. Doch auf dem Weg dorthin lenken Madonnen, Zwerge und die Freiheitsstatue von dem Vorhaben ab.

Schließlich landet man doch im Atelier. Hier sitzt Brunetti, Jahrgang 1950, inmitten von großen Leinwänden. Er gibt seinen Gehilfen Anweisungen und lässt Farben anmischen. Im Nebenzimmer befindet sich ein von Steinlöwen bewachter Thron. Auf diesem hat schon die apulische Sängerin Alessandra Amoroso gesessen. Gemeinsam mit Boomdabash, einer Reggae-Gruppe aus dem Salento, hat sie hier in »Vincent City« den Videoclip zu dem Sommersong »Karaoke« gedreht. Nachdem man auch diesen Raum gesehen hat, bleibt nur noch, die Dauerausstellung im zweiten Stock zu besichtigen. Dass es sich dabei um sehr viele bunte Gemälde handelt, muss an dieser Stelle nicht mehr erwähnt werden.

Adresse Vincent City, Via Case Sparse, 73010 Guagnano | **Anfahrt** 25 Kilometer nördlich von Lecce, über die SS 7ter | **Öffnungszeiten** täglich 9.30–12 und 16–20 Uhr | **Tipp** In und um Guagnano werden die Reben für den Wein Salice Salentino DOC angebaut. In dem gleichnamigen Nachbardorf Salice Salentino kann in der Via Senatore De Castris 26 die Kellerei Leone de Castris besucht werden, die seit 1665 Wein aus apulischen Trauben herstellt.

44 Die Zypresse

Hier steht ein Baum kopf

Wer die steile, kurvenreiche Anfahrt nach Ischitella bewältigt hat, muss sich erst einmal setzen. Ah, wie gut: ein Parkplatz für das Auto und Bänke zum Ausruhen, inklusive weitläufigem Adria-Panorama. Kleine, pink blühende Bäumchen säumen die Piazza, und wie so oft in Italien steht mittig eine Statue. Auf dem Sockel ist zu lesen, dass es sich um den heiligen Franziskus handelt.

Doch die Piazza in Ischitella hat noch einen weiteren Protagonisten zu bieten: eine Zypresse. Ihr Stamm sieht leblos aus, und auch an der Krone raschelt kein einziges Blatt. Im Gegenteil: Grau, knochig und fast senkrecht recken sich die Äste in den Himmel.

Der Legende nach wurde dieser Baum Opfer der Eifersucht des Teufels höchstpersönlich. Der Schutzpatron Italiens und des Naturschutzes, Franz von Assisi, soll während einer Pilgerreise in Apulien im Jahr 1216 für den Bau eines Klosters in Ischitella gebetet haben. Um den Standort zu markieren, an dem es entstehen sollte, steckte der Ordensbruder seinen Wanderstock in den Boden. Und siehe da, an dieser Stelle wuchs ein prächtiger Baum, der fortan täglich von den Einwohnern bewundert wurde. Dem Teufel passte diese verehrende Hingabe natürlich gar nicht, und so sorgte er für ein heftiges Gewitter. Doch der Plan, den Baum durch einen Blitz zu fällen, ging nicht auf. Im Gegenteil, die vom Sturm umgestoßene Zypresse wuchs kopfüber weiter und streckt seitdem ihr Wurzelgeflecht in die Höhe. So will es die Legende.

Fakt hingegen ist, dass jedes Jahr am 4. Oktober, dem Gedenktag von San Francesco, die gleichnamige Piazza in Ischitella Schauplatz des Dorffestes wird. Vor dem ehemaligen Kloster, das hier tatsächlich entstand, startet die Prozession des Schutzpatrons. Der umgekehrte, zugegeben etwas karge Baum steht nicht nur zu diesem Anlass im Mittelpunkt. Täglich erinnert er an die Quintessenz der Legende, den Sieg des Guten über das Böse.

Adresse Via Nazario Sauro, 71010 Ischitella | Anfahrt an der nördlichen Küste des Gargano, über die SS 89 und die SP 51 | Tipp Die Terrazza Panoramica in der Viale Aldo Moro auf Höhe der Hausnummer 41 bietet einen wundervollen Ausblick auf den Lago di Varano und die umliegende Landschaft. Mit etwas Glück kann man sogar die Majella, das Gebirgsmassiv der Abruzzen, sehen.

45 Die Bar Avio

Kalter Kaffee

Würde man die Koffer kontrollieren, die Apulien verlassen – sei es per Flugzeug, Auto, Schiff oder Zug –, man fände vermutlich viele Päckchen Pulver. Fein gemahlenes braunes Kaffeepulver der Firma Quarta Caffè. Man könnte auch von einem »Quarta-Effekt« sprechen. Es ist eben nicht nur der Genuss des Kaffees an sich, der zum Kauf verführt, sondern auch das, was sein Geruch und Geschmack mit sich bringt. Ein trinkbares Souvenir, das die Erinnerung an die Heimat, die Lieblingsbar und den Strand, an dem man im Sommer Eiskaffee getrunken hat, weckt.

In der Bar Avio, der hauseigenen Kaffeebar der Rösterei Quarta, bekommt man kalte und warme Kaffeespezialitäten wie Espresso, Cappuccino und *caffè leccese*. Für dessen Zubereitung werden Mandelsirup, Kaffee und Eiswürfel vermengt. Es zischt laut und lange, so wird nämlich der schöne Schaum dieses Eiskaffees hergestellt. Aus einem Glas und nicht aus der Kaffeetasse wird die Spezialität Lecces getrunken.

In einer italienischen Bar gibt es nur wenige Sitzplätze, die Kaffeepause wird an der Theke abgehalten. Von hier aus kann man das geschäftige Hantieren des Baristas am besten beobachten. Er kommt zügig allen Wünschen der Kaffeeliebhaber nach. In der Bar Avio tranken bereits in den 1950er Jahren Offiziere des nahe gelegenen Militärflughafens in Galatina ihren *caffè*. Ihnen beziehungsweise der Farbe ihrer Uniform wurde sowohl die Bar als auch eine Kaffeemischung gewidmet: die »Miscela Avio«. Die Farbe Avio bezeichnet ein Blaugrau, Avio als Kaffee-Blend besteht aus 80 Prozent Arabica- und 20 Prozent Robusta-Bohnen.

Im Zuge des Erfolges des Unternehmens zog Gaetano Quarta, der Sohn des Gründers Antonio, in den 1970er Jahren mit dem Betrieb ins Industriegebiet außerhalb von Lecce. Die alte, kohlebefeuerte Röstmaschine machte Platz für modernere Geräte, doch die Bar Avio im Herzen der Stadt blieb.

Adresse Via XXV Luglio 16, 73100 Lecce | **Anfahrt** 40 Kilometer südlich von Brindisi, über die SS 613, einen Katzensprung von der Piazza Sant'Oronzo entfernt | **Öffnungszeiten** täglich 7–21 Uhr | **Tipp** In der »Villa Comunale Giuseppe Garibaldi«, der Grünanlage der Stadt, lassen Fontänen Wasser sprudeln, und ermüdete Spaziergänger finden hier eine Parkbank zum Ausruhen.

46 Das Bene-Archiv

Eine Kuppel für Carmelo

»Biblioteca«, so steht es am vermeintlichen Eingang, doch die Tür ist zu, und sie sieht auch so aus, als wäre sie selten geöffnet. Das liegt daran, dass es über die Via Benedetto Cairioli in die Bibliothek geht. An der Bar gegenüber der Piazza sind Jugendliche verabredet, bevor sie das ehemalige Kloster betreten. Hier wird gelesen und gelernt. Und das schon seit mehreren Jahrhunderten. Erst seit wenigen Jahren befindet sich auch das Archivio Carmelo Bene in dem riesigen Gebäude.

Der Theater- und Filmregisseur sowie Schauspieler Carmelo Bene wurde 1937 in Campi Salentina nördlich von Lecce geboren. In Santa Cesarea Terme, der Gemeinde seiner Eltern, verlebte er die Sommermonate im Schatten der orangefarbenen Kuppel des Palazzo Sticchi. In Lecce wurde nun erstmalig ein Ort geschaffen, an dem das Leben und Werk des 2002 verstorbenen Dramaturgen gewürdigt wird.

Nach der Vorlage seines Romans »Nostra Signora dei Turchi« aus dem Jahr 1966 entstand zwei Jahre später der gleichnamige experimentelle Film, der bei den Filmfestspielen in Venedig den Silbernen Löwen erhielt. Zu wenig Anerkennung aus Benes Sicht, der seinen Unmut kundtat und den Preis absichtlich fallen ließ. Carmelo Bene, ein Provokateur, der als Gründer des neuen italienischen Theaters gilt.

Vorbei an Räumlichkeiten der Universität und einer Kutschensammlung geht es in den ersten Stock. Hier im Archiv können Fans und Forscher Material von Bene einsehen. Der lange Raum wird zur Linken von einer Bücherwand eingenommen. Ein Teil der über 5.000 Bücher der privaten Sammlung steht hier. Auf der rechten Seite tragen Figuren die Kostüme Carmelo Benes. Ein weiteres Highlight dieses Ortes ist der Ausblick. Genauso wie die Kuppel des Palazzo Sticchi in Santa Cesarea Terme Carmelo Bene faszinierte, fesselt die Aussicht auf die grün-weiß gekachelte Kuppel der Chiesa del Carmine die Besucher des Archivs.

Adresse Convitto Palmieri, Piazzetta di Giosuè Carducci, 73100 Lecce | Anfahrt 40 Kilometer südlich von Brindisi, über die SS 613, nur wenige Gehminuten vom Bahnhof entfernt | Öffnungszeiten Infos und Anmeldung unter Tel. +39/0832/373576 oder per E-Mail an bibliotecabernardini.lecce@regione.puglia.it | Tipp Ein Fahrstuhl im Glockenturm des Doms transportiert Besucher nach oben. Aus 43 Meter Höhe bietet sich ein spektakuläres 360-Grad-Panorama über die Barockstadt.

47 Die bunte Wallfahrtskirche

Licht aus, Taschenlampe an!

Ex tenebris lux. Mittwoch, 21.30 Uhr. Außerhalb des historischen Stadtzentrums Lecces. Dies ist keine geheime Botschaft, sondern eine Einladung zu einem besonderen Kirchenbesuch. »*No, no*, nicht alle gleichzeitig!« Die Ermahnung des Guides ist liebevoll gemeint. Vor der nächtlichen Besichtigung der Wallfahrtskirche Sant'Antonio di Padova a Fulgenzio wurden an die abenteuerlustigen Besucher Mini-Taschenlampen verteilt. Im Inneren wandern nun die Lichtspots wild durcheinander über die Decke und die Seitenwände. Doch der Hinweis ist richtig. Es geht darum, das Kirchengebäude so wahrzunehmen, wie es zu seiner Entstehungszeit aussah. Nämlich ohne Elektrizität und die heute übliche Komplett-Beleuchtung der gesamten Innenfläche.

Die Kirche ist jung und bunt. Sie wurde im Jahr 1910 fertiggestellt. Aber ohne Donna Letizia Balsamo gäbe es hier nichts zu bewundern. Die letzte Nachfahrin von Fulgenzio della Monica, einem ehemaligen Bürgermeister von Lecce, schenkte Ende des 19. Jahrhunderts ihre Villa aus dem 16. Jahrhundert den Franziskanermönchen, die in Lecce eine Unterkunft suchten. Die einzige Bedingung war, daraus ein Kloster zu machen. Mit Hilfe von Spenden wurde neben diesem Gebäude eine Kirche erbaut. Nun galt es, diese aber auch auszuschmücken. Dazu rief man den toskanischen Mönch Raffaello Pantaloni. Bei den farbenfrohen Wandmalereien handelt es sich nicht etwa um Fresken. Was die Besucher der Kirche in Staunen versetzt, sind Tempera-Werke, die noch feiner gearbeitet sind, da bei dieser Technik die Farbe direkt auf die trockene Mauer aufgetragen wird. Besonders der Temperaturunterschied – im Sommer sehr heiß, im Winter kalt – setzt den Farben und Werken im Allgemeinen zu.

Der Rundgang führt auch über Treppen hinter den Altar. Hier steht das Ziborium, ein hölzerner Baldachin. An ihm vorbei leuchten die Lampen und lassen die güldenen Heiligenscheine funkeln.

Adresse Via Imperatore Adriano 79, 73100 Lecce | **Anfahrt** 40 Kilometer südlich von Brindisi, über die SS 613, wenige Gehminuten von der Piazza Giuseppe Mazzini entfernt | **Öffnungszeiten** Mo – Sa 7.30 – 12.30 und 17 – 20 Uhr, So 8 – 12.45 und 17 – 21 Uhr, Führungen Juli und Aug. Mi 21.30 Uhr, Anmeldung unter Tel. +39/380/7784553 | **Tipp** Die beste Pizza Apuliens gibt es laut dem Ranking www.50toppizza.it bei »400 Gradi« im Viale Porta d'Europa 65.

48 Das ehemalige Kloster

Schöner studieren

Links die Allee, die zum Friedhof von Lecce führt, rechts eine Schranke, die die Ein- und Ausfahrt des Parkplatzes regelt. Für Fußgänger gibt es keine Begrenzung. Gut so, denn alle, die italienische Uni-Luft schnuppern möchten, nehmen diese Straße in Richtung Fakultät der Geisteswissenschaften.

Im ehemaligen Kloster der Olivetaner geht es die meiste Zeit des Jahres wuselig zu. Studierende kommen und gehen, haben Bücher im Gepäck und den Prüfungsstoff im Kopf. Doch während der Prüfungsphasen herrscht hier eine ruhigere Atmosphäre. Elegant gekleidete Prüflinge werden von ebenfalls festlich angezogenen Verwandten ermutigt. Noch diese eine Prüfung, und dann beginnt das Leben als *dottore*. Bereits mit einem Bachelor-Abschluss werden in Italien Studienabgänger mit diesem Titel angesprochen. Zeichen für eine bestandene Prüfung ist der Lorbeerkranz, der stolz auf dem Haupt getragen wird. Nun folgt das obligatorische Fotoshooting im Innenhof vor dem steinernen Baldachin des Brunnens.

Er ist der beliebte Blickfang des ehemaligen Klosterkomplexes, dessen Gründung bis ins 12. Jahrhundert zurückreicht. Die Mönche des Olivetanerordens bewohnten und vergrößerten ihn im Lauf der Jahrhunderte. Ein Kreuzgang verbindet die Gebäude. Während eines Spaziergangs zwischen den Säulen lassen sich neben Aushängen der Studenten auch Fresken ausmachen. Zwei imposante Treppenaufgänge verknüpfen das Erdgeschoss mit dem ersten Stock. Hier befanden sich früher die Klosterzellen, heute sind es die Vorlesungssäle und Büros der Universität. Was früher der Speisesaal der Mönche gewesen ist, ist heute ein Ort der geistigen Nahrung: die Bibliothek. Sollte einmal die Lernblockade einsetzen, empfiehlt es sich, kurz Luft zu schnappen. Das geht am besten mit Ausblick. Von der großzügigen Terrasse des ehemaligen Klosters aus lässt sich ein inspirierendes Panorama genießen.

Adresse Viale San Nicola 1, 73100 Lecce | Anfahrt 40 Kilometer südlich von Brindisi, über die SS 613, außerhalb des historischen Stadtzentrums an der Porta Napoli im Kreisverkehr beim Obelisken in den Viale San Nicola einbiegen, diesem bis zum Parkplatz vor dem Universitätsgelände folgen | Öffnungszeiten Mo–Fr 8–18.45 Uhr | Tipp Ein ausgiebiger Spaziergang ist im nahe gelegenen Parco Belloluogo möglich. Der runde Torre di Belloluogo ist von einem Wassergraben umgeben, in dem Seerosen blühen. Der Festungsturm gilt als Rückzugsort der Gräfin von Lecce und Königin von Neapel Maria d'Enghien (1367–1446).

49 Das Gesicht der Liebe

Romeo und Julia aus Apulien

Negroamaro schmeckt nicht nur, man kann Negroamaro auch hören. Die Band »Negramaro« aus Lecce hat sich nach der Rebsorte benannt, die in Apulien angebaut wird, und ist seit ihrer Gründung im Jahr 2001 in Italien sehr beliebt, fast so sehr wie der Wein. Der Frontman der Band, Giuliano Sangiorgi, empfiehlt Besuchern von Lecce, während eines Spaziergangs auch mal nach oben zu schauen, als wäre man in New York. Doch hier in Süditalien gibt es keine Wolkenkratzer zu sehen, sondern ausgeschmückte Fassaden, die der Anfang von vielen Stadtgeschichten sind.

An der Kreuzung des Vico del Theutra und der Via Federico d'Aragona lohnt es sich besonders, kurz innezuhalten. Hier befindet sich ein Palazzo aus dem 19. Jahrhundert. An einer Ecke, auf Höhe des Balkons, lässt sich die Mini-Skulptur eines Frauengesichts ausmachen. Die Geschichte, wie es zu diesem Bildnis kam, ist ebenso tragisch wie die eines gewissen Liebespaares aus Verona.

In Lecce erzählt man sich folgende Legende: Zwei Familien bewohnten benachbarte Häuser im Zentrum. Die Kinder sprachen durch die Fenster ihrer Zimmer miteinander und verliebten sich. Doch ihre abendlichen Treffen wurden vom Vater des Mädchens schnell unterbunden. Er ließ das Fenster zumauern, denn: kein Fenster, keine Konversation, kein zukünftiger Schwiegersohn. Es half kein Betteln, es half kein Flehen, auch die wohlwollende Mutter des Mädchens konnte in diesem Fall nicht helfen. Aus dieser aussichtslosen Situation heraus traf das Mädchen eine dramatische Entscheidung und nahm sich das Leben.

Viele Monate voller Trauer vergingen, und der junge Mann vermisste das Mädchen und die Gespräche mit ihr weiterhin schmerzlich. Um die Erinnerung an ihr wunderhübsches Gesicht und ihre reizenden Worte zu erhalten, ließ er ihr Antlitz an der gegenüberliegenden Hauswand anbringen. Ein kleines Denkmal für eine große Liebe.

Adresse Ecke Via Federico d'Aragona / Vico del Theutra, 73100 Lecce | Anfahrt 40 Kilometer südlich von Brindisi, über die SS 613, wenige Minuten vom Amphitheater entfernt | Tipp Das Tony Bar Bistrot im Viale Otranto 60 verspricht Cocktails und Speisen, doch auf den ersten Blick scheint es sich um einen aus der Zeit gefallenen Damenfriseur zu handeln. Das Vintage-Design stammt aus dem Jahr 1969. Unter Trockenhauben, die inzwischen als Beleuchtung dienen, genießen bereits hübsch frisierte Gäste den *aperitivo*.

50 Das Grab von Tito Schipa

Die Nachtigall

In Lecce dreht sich alles um den Schutzheiligen Sant'Oronzo. Tagsüber eilen die Menschen über die gleichnamige Piazza im Stadtzentrum, abends flanieren sie hier am römischen Amphitheater vorbei. Über ihnen thront er auf einer Säule, Orontius von Lecce – wenn die Bronzestatue nicht gerade restauriert wird.

Punkt 12 Uhr. Auf der Piazza Sant'Oronzo ertönen entgegen allen Erwartungen keine Kirchenglocken. Es scheint jemand zu singen. Leise und doch bestimmt wird ein Ave Maria zur Hintergrundmusik der trubeligen Mittagsstunde in der Barockstadt. Es ist Tito Schipas Stimme, die hier zu hören ist. Im Stadtpark Giuseppe Garibaldi sprudelt eine Fontäne, Statuen berühmter Persönlichkeiten stehen im Schatten von Palmen, die für Tito Schipa darf nicht fehlen.

Tito Schipa wurde Ende Dezember 1888 im Vico dei Pensini 6 in Lecce geboren, auch wenn sein Vater seine Geburt erst Anfang Januar 1889 standesamtlich registrieren ließ. Auf diese Weise wurde damals der Militärdienst um ein Jahr hinausgezögert. In seiner Kindheit und Jugend erhielt er Gesangsunterricht in Lecce und Mailand und debütierte im Jahr 1910 als Tenor in der Oper »La Traviata« in Vercelli. Im Jahr 1917 trat er als Ruggero in der Uraufführung von Giacomo Puccinis »Die Schwalbe« in Monte Carlo auf. In seiner Heimatstadt erhielt er jedoch den Spitznamen »L'usignolo« – die Nachtigall. Insgesamt 52 Jahre sang er Opern unter anderem von Alexander Borodin, Gaetano Donizetti und Giuseppe Verdi.

1965 starb der Opernsänger in New York, doch in Lecce liegt er begraben. An der Porta Napoli verlässt man den historischen Stadtkern und erreicht nach wenigen hundert Metern die von Pinien gesäumte Allee des Friedhofs. Gleich links neben der Chiesa dei Santi Niccolò e Cataldo befindet sich der schwarze Marmorsarg des Tenors, dessen Stimme weiterhin täglich in seiner süditalienischen Heimatstadt erklingt.

Adresse Viale San Nicola 17, 73100 Lecce | Anfahrt 40 Kilometer südlich von Brindisi, über die SS 613, außerhalb des historischen Stadtzentrums an der Porta Napoli im Kreisverkehr beim Obelisken in den Viale San Nicola einbiegen, diesem bis zum Parkplatz vor dem Friedhof folgen | Öffnungszeiten Mo – Sa 7 – 13 und 16 – 17 Uhr, So 8 – 12 und 16 – 17 Uhr | Tipp Bei »Stella« dreht sich alles um die Mandel – in süßer und salziger Version. Direkt gegenüber dem Amphitheater in der Via Ernesto Alvino 20 befindet sich das Geschäft, in dem man sich mit einem knusprigen Vorrat eindecken kann.

51 Das Museo Faggiano

Es sollte nur eine Renovierung werden

Luciano Faggiano hatte einen Traum: Koch in seinem eigenen Restaurant zu sein. Dieser Plan schien realisierbar. Die anstehenden Bauarbeiten nahm die Familie Faggiano im Jahr 2001 in Angriff, um Luciano den Wunsch eines Restaurants im Herzen von Lecce zu erfüllen. Die Arbeiten begannen, das marode Abwassersystem sollte ausgebessert werden, und die ganze Familie half mit. Doch die Söhne von Luciano mussten feststellen, dass die Rohre tiefer lagen als vermutet. Sie stießen vermehrt auf archäologische Funde. Die Familie entschied sich, Lucianos Traum zu opfern und unter Aufsicht der Behörde für das archäologische Erbe die Ausgrabungen im wahrsten Sinne des Wortes zu vertiefen. Sieben Jahre dauerten die Arbeiten.

Es bestätigte sich, dass Vertreter mehrerer antiker Völker vor den Faggianos in und unter diesem Gebäude gelebt haben. Ihre Relikte kann man seit 2008 in einem Museum bewundern. Auf mehreren Etagen des ehemaligen Wohngebäudes lassen sich Wandmalereien, Inschriften, Reliefs und Vitrinen mit verschiedenen Fundstücken entdecken. Symbole, Zisternen und Geheimgänge berichten von 2.000 Jahren Geschichte der Stadt Lecce.

Bestimmte Bodenbeschaffenheiten lassen vermuten, dass das Haus seine Ursprünge in der messapischen Zeit um 5000 vor Christus hat. Silos für die Lagerung von Getreide geben Auskunft über das mittelalterliche Lecce, und religiöse Inschriften bezeugen die Funktion des Gebäudes als Kloster bis ins 16. Jahrhundert. Besonders eindrücklich sind zwei Orte im Haus: oben der Blick von der Terrasse über die Dächer der Barockstadt und unten der in einen acht Meter tiefen Brunnen, durch den Lecces unterirdischer Fluss, der Idume, langsam vor sich hin fließt.

Nun besitzt Luciano zwar kein Restaurant, aber ein Museum. Und den Besuchern wird dieser Ort wahrscheinlich länger in Erinnerung bleiben als ein Teller Pasta, so gut Luciano auch kochen mag.

Adresse Via Ascanio Grandi 56, 73100 Lecce, Tel. +39/0832/300528 oder +39/360/722448 | **Anfahrt** 40 Kilometer südlich von Brindisi, über die SS 613, wenige Gehminuten von der Piazza Sant'Oronzo entfernt | **Öffnungszeiten** täglich 9.30–20 Uhr | **Tipp** An der nahe gelegenen Porta San Biagio befindet sich die Eisdiele »Agricola«. Sie wird von Andrea, einem von Lucianos Söhnen, geführt. Das Eis wird laktosefrei mit Mandel- oder Ziegenmilch hergestellt, überraschende Sorten kommen hier in die Waffel oder in den Becher (Viale Francesco Lo Re 28).

52 Die Pinakothek

Eingeweide aus Wachs

Kruzifix und Totenkopf hängen an den roten Wänden. Letzterer als Detail eines Gemäldes, das dem spanischen Barockmaler Jusepe de Ribera zugeschrieben wird. Doch auch Landschaftsmalereien aus dem 19. und 20. Jahrhundert zieren die Räume der Pinacoteca Roberto Caracciolo in Lecce. Sie ist nach einem ehemaligen Bischof von Lecce und italienweit berühmten Prediger des 15. Jahrhunderts benannt.

Das Gebäude, in dem die Sammlung franziskanischer Kunst untergebracht ist, der Palazzo della Monica, wurde im 16. Jahrhundert außerhalb der damaligen Stadtmauern erbaut. Aus diesem Grund ist er ein rares Zeugnis der Renaissance-Architektur in der Barockstadt Lecce. Der Bauherr, Fulgenzio della Monica, bewohnte den ersten Stock des gleichnamigen Palazzos. Seit 1968 dienen diese Räumlichkeiten als Ausstellungsfläche der Pinakothek. Gezeigt wird Kunst aus fünf Jahrhunderten. Sie stammt aus Klöstern des Franziskanerordens in Südapulien. Serafino Elmo und Oronzo Tiso, apulische Vertreter des Barocks und der Neapolitanischen Schule, haben einige der Bilder gemalt. Werke aus dem 20. Jahrhundert sind unter anderem von Ezechiele Leandro, dem Vorreiter der Objektkunst in Apulien. Außerhalb seines »Heiligtums der Geduld«, eines Tempels der Arte povera im nahen San Cesario, befinden sich nur in der Pinakothek von Lecce dauerhaft ausgestellte Werke von ihm.

Im selben Raum sieht man ein äußerst seltenes Kunstwerk: das anatomische Kruzifix, auch »in visceribus Christi« genannt. Es handelt sich dabei um eine Wachsskulptur, die die inneren Organe des gekreuzigten Jesus Christus offenlegt. Das blutende Herz sowie Lunge, Darm und Magen sind im geöffneten Brustkorb gut einsehbar. Laut Forschern soll das Ziel gewesen sein, die Menschlichkeit des Sohnes Gottes durch diese Darstellung hervorzuheben. Das Kruzifix entstand im 18. Jahrhundert in Süditalien und ist eines von nur 19 Exemplaren weltweit.

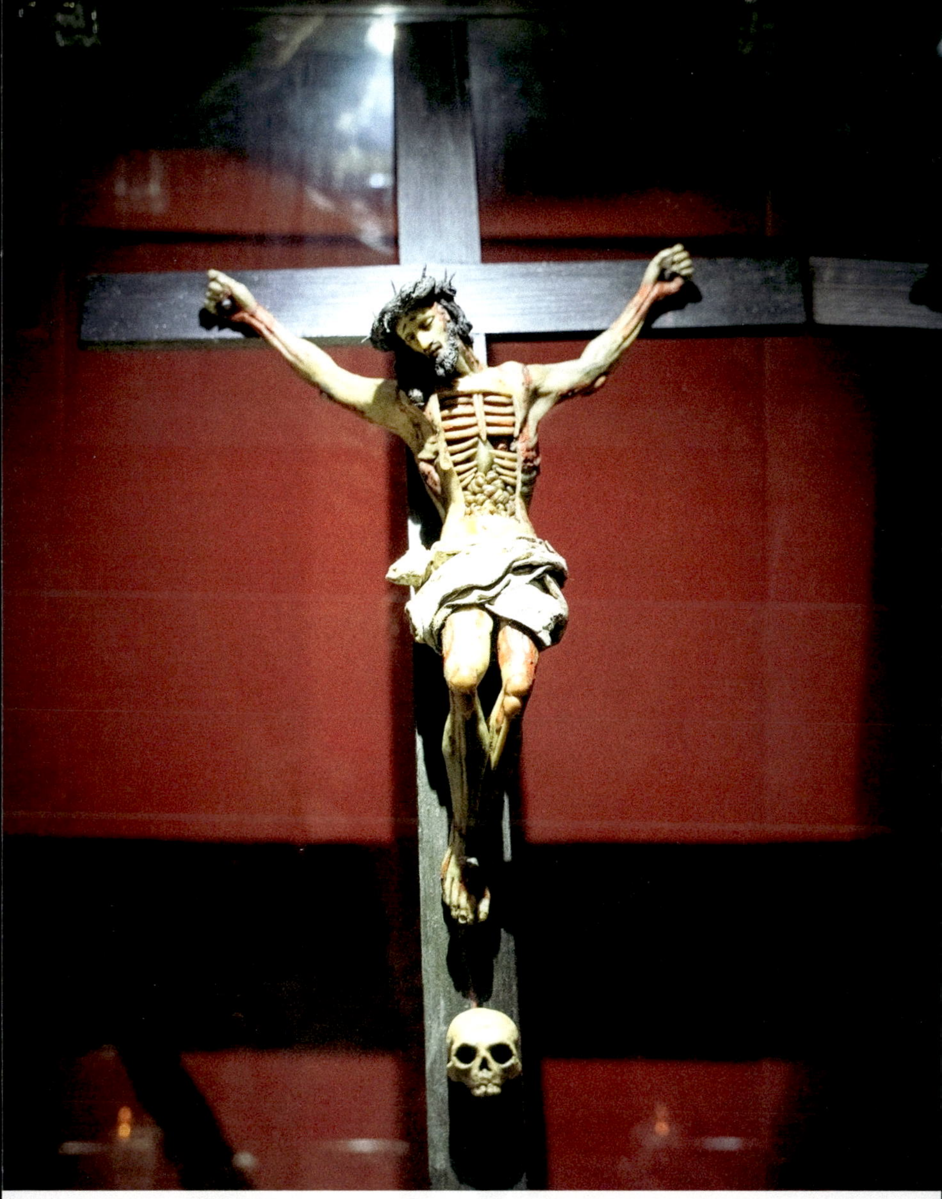

Adresse Via Imperatore Adriano 79, 73100 Lecce, www.pinacotecacaracciolo.it | Anfahrt 40 Kilometer südlich von Brindisi, über die SS 613, wenige Gehminuten von der Piazza Giuseppe Mazzini entfernt | Öffnungszeiten Di–So nach Voranmeldung, Kontakt und aktuelle Informationen siehe Website | Tipp Das Wohnhaus und Atelier »Santuario della Pazienza« des 1981 verstorbenen Künstlers Ezechiele Leandro in San Cesario di Lecce wird seit Jahren restauriert. Ein Blick von außen lässt bereits erahnen, weshalb die Eröffnung auf sich warten lässt (Via Cerundolo 26).

53 Die Brauerei

Apulisches Bier

Fernando Zecca begrüßt die Besucher seiner Brauerei herzlich und erzählt voller Stolz und Enthusiasmus von seinem Familienbetrieb. Seit 2008 stellt »Birra Salento« erfolgreich Craftbier her – und das in einer Region, die eher für ihre Weine aus Rebsorten wie Negroamaro und Primitivo bekannt ist.

Die Geschichte geht auf den Großvater zurück. Fernando Zecca senior arbeitete bereits zu Beginn der 1960er Jahre im schweizerischen Freiburg im Üechtland in einem Brauhaus. Hier belud er Fahrzeuge mit Glasflaschen und träumte von einer eigenen Brauerei in seiner fernen Heimat. Diesen Wunsch hielt er sogar schriftlich fest. Jedoch wurde dieser Brief erst 20 Jahre später gefunden. Fernando junior präsentiert das Dokument stolz. Nach der Einführung geht es direkt in die Brauerei. Hier erläutert Fernando zwischen riesigen Fässern den Prozess der Bierbraukunst. Jeder Schritt der Produktion – von der Gewinnung des Hopfens über die Wichtigkeit einer guten Wasserqualität – wird geschildert.

In der anschließenden Verkostung sollen die Gäste Geschmack, Farbe und Schaumkrone der verschiedenen Biere beurteilen. Es entbrennt eine hitzige Diskussion, ob Eiswürfel im Bier erlaubt seien. *No*, so etwas habe Fernando noch nie gesehen. Fakt ist, dass die Kombination von Pizza und Bier aus Italien nicht mehr wegzudenken ist. Genauso wenig wie das Festival »Birra e Sound«, das jedes Jahr im Salento stattfindet.

Lässt der Zeitplan vor Ort keine ausgiebige Besichtigung der Brauerei zu, sollte zumindest ein kurzer Stopp im hauseigenen Shop eingeplant werden. Dort hat man die Auswahl zwischen vier verschiedenen Kategorien. Die drei ersten Kreationen der Brauerei Birra Salento gehören zur Reihe »Passione«. Die Biere »Beggia«, »Taranta« und »Pizzica« haben den größten Bezug zum Salento, dem Landstrich, der in naher Zukunft laut Fernando junior vom Hopfenanbau charakterisiert sein wird.

Adresse Via Ancona 2, 73045 Leverano | **Anfahrt** 18 Kilometer westlich von Lecce, über die SP7 und die SP119 | **Öffnungszeiten** Mo–Fr 8.30–13.30 und 15.30–19.30 Uhr, Sa 8.30–13.30 und 17–21 Uhr, So 10.30–13.30 Uhr | **Tipp** Wer es nur bis Lecce schafft, kann in den »Officine Birrai« aus 20 verschiedenen Craftbieren vom Fass aus der Region wählen. Auch hier gibt es einen Shop, der circa 50 Craftbiere im Angebot hat. Pizza, Musik und Bier werden abends im BrewPub genossen (Via Gabriele D'Annunzio 52).

54 Der Vico Ciacianella

Bauch einziehen!

Drei Sehenswürdigkeiten schaffen es in Lucera auf Magneten, die Reisende als Souvenir mit nach Hause nehmen: das Castello, eine sehr großzügig angelegte Festung von Friedrich II., das römische Amphitheater, ebenfalls eine weitläufige Anlage, und der Vico Ciacianella. Dieser Ort ist allerdings im wahrsten Sinne des Wortes beengt.

Nahe der Kathedrale existiert eine sehr schmale Straße – ja vielleicht sogar die schmalste Straße der Welt. Die Dörfer Candela und Andria konkurrieren seit Jahren mit Lucera um diesen Titel. Und wenn drei sich streiten, freut sich: Reutlingen. Denn hier befindet sich laut Guinnessbuch der Rekorde die schmalste Gasse der Welt, die Spreuerhofstraße. Nur 31 Zentimeter beträgt der Abstand zwischen den angrenzenden Häusern. In Lucera war man guter Hoffnung, den Weltrekord zu knacken, doch es kommt eben darauf an, wo man misst. Im zugänglichen Durchgang ist der Vico Ciacianella 45 Zentimeter breit, zwischen den Regenrinnen deutlich schmaler, circa 22 Zentimeter. Doch es geht eben um einen »begehbaren« Rekord.

Schon ein Blick in den Vico reicht aus, um verunsichert zu sein. Die linke Hauswand ist gekrümmt, die Gasse wirkt dadurch dunkler als der Innenhof. Das gegenüberliegende Ende des kurzen Tunnels sieht man nicht, was noch mehr daran zweifeln lässt, dass man auf der anderen Straßenseite tatsächlich wieder rauskommen wird. Traut man sich mit eingezogenem Bauch parallel zur Wand hindurch, stellt man fest, dass 45 Zentimeter gar nicht so eng sind. Beim Blick nach oben wird auch klar, warum die Bewohner von Lucera von der Einzigartigkeit der Straße überzeugt sind: Die Mauern der linken und der rechten Hauswand berühren sich fast. Nur wenige Zentimeter trennen die Dachziegel der Hausnummer 22 in der Via Giambattista d'Amely vom Fenstersims des Palazzo Lombardi. Rekord für die Ausnutzung des bebaubaren Bodens – aber *nessun* Rekord für Lucera.

Adresse Vico Ciacianella, 71036 Lucera | Anfahrt 19 Kilometer nördlich von Foggia, über die SS 17 | Öffnungszeiten tagsüber stets zugänglich, Durchgang nachts abgeschlossen | Tipp Auch wenn von der mittelalterlichen Fortezza Svevo-Angioina nur noch wenige Teile erhalten sind, kann man sich das Ausmaß der ehemaligen Wehranlage gut vorstellen. Parkplatz und Eingang sind über die Piazza Padre Angelo Cuomo zu erreichen.

55 Der Palazzo Comi

Baron Momos Bücher

»Lieber Herr Baron, der Tag in Lucugnano war wundervoll. Die Erinnerung an die Atmosphäre in Ihrem großen Haus ist noch immer sehr lebendig […]«. Dieser Auszug aus einem Brief stammt von Maria Corti. Die italienische Sprachhistorikerin und Schriftstellerin verfasste ihn am 7. Januar 1948. Nur wenige Tage vorher hatte sie dem ersten Treffen der neu gegründeten Accademia Salentina beigewohnt. Ins Leben gerufen wurde diese von Girolamo Comi. Der Dichter aus Apulien war nach dem Zweiten Weltkrieg aus Rom in seine Heimat zurückgekehrt und schuf im tiefsten Süden Italiens ein Literaturzentrum.

Der Palazzo Comi, sein Familiensitz, wurde zum Ort des kulturellen Austauschs, zum Schauplatz der Treffen der Akademie und zur Unterkunft von Intellektuellen aus ganz Italien. Im Obergeschoss des Palazzos führt ein Rundgang durch die ehemalige Wohnung des Poeten. Eine große Küche, mehrere Schlafzimmer, etliche Schreibtische und unzählige Bücher – 3.000 sollen es sein – befinden sich hier.

Man konnte sich im Palazzo Comi auch das Jawort geben. Freunde des Barons durften in der hauseigenen Kapelle den Bund fürs Leben schließen. Comi selbst heiratete kurz vor seinem Tod, im Jahr 1965, seine Haushaltshilfe Tina Lambrini. Die erhoffte Finanzierung der literarischen Projekte durch eine Ölmühle war ausgeblieben, Comi hatte sich verschuldet. Er musste seinen Palazzo verkaufen. Die Heirat ermöglichte es, das Nießbrauchrecht des Gebäudes auf seine Frau auszuweiten. Dadurch konnte sie bis zu ihrem Tod 1982 im Palazzo leben und das literarische Erbe ihres Mannes »Momo« verwalten. Seine »Biblioteca di gusto«, wie er sie nannte, besteht noch immer. Es gibt keine systematische Katalogisierung. Die Bücher sind nach subjektiver Präferenz des einstigen Besitzers angeordnet. Und wo könnte ein Literat seine Lieblingsexemplare besser verwahren als in der Bücherwand direkt hinter seinem Schreibtisch?

Adresse Via delle Grazie 1, 73030 Lucugnano | Anfahrt 52 Kilometer südlich von Lecce, über die SS 16, bei Maglie auf die SS 275 | Öffnungszeiten Mo–Fr 9–13 Uhr, Di und Do auch 15–17 Uhr, Informationen und Anmeldungen zu Führungen unter Tel. +39/380/4580810 | Tipp Im Castello di Tutino ist immer was los! Das ist das Motto der Burg bei Tricase, die mit einem Restaurant, einer Cocktailbar und Events mit Livemusik zum Verweilen einlädt (Piazza Castello del Trane 1).

56 Die Statue Aldo Moros

»Wenn es ein Licht gäbe, wäre das wundervoll«

Am 16. März 1978 wurde der italienische Politiker Aldo Moro in Rom auf dem Weg zum Parlament von der Terrororganisation »Brigate Rosse« entführt. 55 Tage Geiselhaft, die Italien für immer prägen sollten, folgten.

Der Staat, allen voran Ministerpräsident Giulio Andreotti, entschied sich für eine harte Linie und verhandelte nicht mit den Entführern, die mit dieser drastischen Aktion den von Aldo Moro geplanten »historischen Kompromiss« zwischen den politischen Lagern Italiens verhindern wollten. Moro verfasste während seiner Gefangenschaft 80 Briefe, die zum Teil von Tageszeitungen gedruckt wurden. Historisch einmalig: Das italienische Fernsehen berichtete ohne Unterbrechung von der Geiselnahme, die am 9. Mai desselben Jahres mit der Entdeckung des Leichnams des apulischen Politikers im Kofferraum eines am Straßenrand abgestellten Wagens endete. Die Witwe Moros hielt sich an seinen Wunsch und verweigerte ein Staatsbegräbnis. Bis heute umranken den »Fall Moro« zahlreiche Verschwörungstheorien und Spekulationen.

Aldo Moro wurde 1916 in Maglie geboren. Er studierte Jura an der Universität Bari, wo er später auch einen Lehrstuhl innehatte. Ab 1963 lehrte er an der Universität La Sapienza in Rom, schließlich wurde er Außenminister und Ministerpräsident. Trotz seiner politischen Karriere hat er seine Lehrtätigkeit nie vernachlässigt, wie ehemalige Studenten versichern.

Seit dem Jahr 1998 steht eine Statue Moros erhöht auf einem Sockel auf einer kleinen Piazza in seinem Geburtsort. Das Museum ihm zu Ehren lässt noch auf sich warten, doch die tragische Geschichte der berühmtesten Persönlichkeit Maglies ist italienweit bekannt. Die Worte seines letzten, herzzerreißenden Briefes vom 5. Mai 1978 hallen beim Anblick der Statue nach: »Ich würde gerne mit meinen kleinen sterblichen Augen verstehen, wie es danach sein wird. Wenn es ein Licht gäbe, wäre das wundervoll.«

Adresse Via Caduti di Via Fani 1, 73024 Maglie | Anfahrt 30 Kilometer südlich von Lecce, über die SS 16 | Tipp Ein wenig in den Hintergrund gerät das Schicksal Moros beim Anblick der bunten Schaufenster nebenan. Das Familienunternehmen Maglio stellt seit 1875 Schokoladenprodukte her. Besonders zu empfehlen sind die mit Schokolade überzogenen Feigen.

57 Die Abteikirche

Faszination Sonnenstrahlen

Die Schnellstraße »Strada Statale Garganica 89« verbindet die nordapulischen Städte Foggia und Manfredonia. Das Rauschen der vorbeisausenden Autos dominiert noch bei der Ankunft an der Abtei San Leonardo di Siponto, doch sobald man den kleinen Weg zur Kirche beschreitet, wird es ruhiger und das einzig verbleibende Geräusch sind die eigenen Schritte auf dem Schotter.

Da ist auch schon die erste Attraktion: das Nordportal der Abteikirche. Es gilt als eines der schönsten der apulischen Romanik. Der Gebäudekomplex, zu dem es gehört, entstand im 13. Jahrhundert und bestand aus Kirche, Kloster und Krankenhaus. Im Jahr 1261 übertrug Papst Alexander IV. dem Deutschen Orden die Führung des religiösen Zentrums, und bis ins 15. Jahrhundert wirkte diese römisch-katholische Ordensgemeinschaft hier.

Seit der Fertigstellung der Kirche gibt es auch ein astronomisch-architektonisches Phänomen in Siponto, das jährlich Besucher anlockt und fasziniert. Jeweils zur Tagundnachtgleiche im März und September scheint die untergehende Sonne durch eine Öffnung in der Eingangsfassade der Kirche.

Aber es ist nicht ein einzelnes großes Loch, es handelt sich um zehn kleine Aussparungen, durch die am Nachmittag das Sonnenlicht durch das linke Kirchenschiff in den Innenraum des Gotteshauses dringt. Dadurch entsteht eine natürliche Beleuchtung der gegenüberliegenden Apsis. Die zweite Rosette im Gewölbe mit elf kleinen Aussparungen wird hingegen am 21. Juni jeden Jahres zur Protagonistin. Zur Sommersonnenwende fällt in den Mittagsstunden das Licht der Sonne, die im Zenit steht, vertikal durch die Abteikirche. Der kanalisierte Sonnenstrahl wandert so zusehends zwischen den zwei Pfeilern der Längsseite und wird vom in der Luft liegenden Weihrauch noch verstärkt. Ein Spektakel, das man sich vor Ort auch an den restlichen 362 Tagen im Jahr durchaus gut vorstellen kann.

Adresse SS 89, Kilometer 175,8, 71043 Manfredonia | Anfahrt 30 Kilometer östlich von Foggia, über die SS 89, Ausfahrt Richtung Zona Industriale | Öffnungszeiten 1. Juni – 1. Sept. Mo – Sa 9 – 19 Uhr, So und Feiertage 9 – 20 Uhr, ansonsten täglich 9 – 18 Uhr | Tipp Schon praktisch, so ein Stadtstrand. In Manfredonia lässt sich parallel zum Viale Miramare stets ein schönes Plätzchen mit Meerblick im Sand finden.

58 Das Feuerwehrmuseum

Der Held von Manfredonia

Das Industriegebiet von Manfredonia sieht aus wie wohl jedes andere Industriegebiet auf der Welt. Viele große graue Lagerhallen reihen sich an breiten, zementierten Straßen aneinander. Doch in einer von ihnen verbirgt sich das farbenfrohe Universum eines echten Helden.

Tausende sehr gut erhaltene Exponate aus der Welt der Feuerwehr füllen das Museum von Michele Guerra. Von Einsatzwagen verschiedener Epochen bis zu Verdienstmedaillen – jedes Exponat findet auf den 2.500 Quadratmetern seinen Platz. Zu Beginn des Rundgangs begegnen den Besuchern 80 Schaufensterpuppen, die historische Uniformen tragen. Michele kennt sie alle und führt die Gruppe voller Enthusiasmus durch die Ausstellung. Die nachfolgenden vier Räume wurden nach den Schutzheiligen der Feuerwehr benannt: Santa Barbara, San Lorenzo, Sant'Antonio Abate und San Floriano. Anhand dieser Räume werden die Geschichte der Feuerwehr und die des Italienischen Roten Kreuzes erzählt.

Ernst wird Michele, wenn er bei der Figur, die einen Hitze-Schutzanzug trägt, auf den Unfall vom 17. Mai des Jahres 1984 zu sprechen kommt. Außerhalb von Manfredonia kam es an jenem Tag bei der petrochemischen Anlage ANIC-SCD zu einem Brand. Um 17.40 Uhr ertönten die Alarmsirenen. 83 Feuerwehrmänner aus Apulien bemühten sich in den nachfolgenden Stunden, die bis zu 100 Meter hohen Flammen zu löschen. Die Einsatzkräfte retteten an diesem Tag zahlreiche Menschenleben, und Michele Guerra war einer von ihnen.

Doch damit nicht genug. Da er die Folgen so vieler Arbeitsunfälle gesehen hatte, beschloss er, sich beruflich für die Sicherheit am Arbeitsplatz einzusetzen. 1988 gründete er »Euroambiente«. Das Unternehmen berät Firmen bezüglich der Themen Umwelthygiene, Lebensmittelsicherheit und Arbeitsmedizin. Sein Herzensprojekt, ein Weiterbildungszentrum, wurde 2017 eröffnet und rundet sein jahrzehntelanges Engagement ab.

Adresse Viale Antonio Meucci c/o Euroambiente, 71043 Manfredonia | Anfahrt 30 Kilometer östlich von Foggia, über die SS 89, Ausfahrt Richtung Zona Industriale | Öffnungszeiten Mo – Fr 9 – 12.30 und 15.30 – 17.30 Uhr, Sa, So und Feiertage auf Anfrage unter Tel. +39/0884/54199 | Tipp Im Archäologiepark von Siponto steht eine Fata Morgana. Das bis zu 14 Meter hohe Drahtgeflecht des Künstlers Edoardo Tresoldi bildet die nach mehreren Erdbeben im Mittelalter eingestürzte frühchristliche Basilika nach.

59 Die Reiterstatue

Der schöne Manfred

Die Promenade von Manfredonia führt entlang des Stadtzentrums am Yachthafen vorbei. Die beiden Molenfeuer – rechts der rote Leuchtturm und links der grüne – markieren für die einfahrenden Boote die Fahrrinne und warnen vor der Hafenmauer. Am Schloss von Manfredonia herrscht stets Trubel. Tagsüber trennen sich hier die Wege: Für Besucher des Stadtzentrums geht es am Castello vorbei in Richtung Fußgängerzone, für Strandliebhaber geradeaus in Richtung Sand und Meer.

Doch ohne den Stauferkönig Manfred von Sizilien würde es weder den Hafen noch das Castello geben. Infolge verheerender Erdbeben zu Beginn des 13. Jahrhunderts wurde die ehemalige römische Siedlung Siponto zerstört und unbewohnbar. Daraufhin entschied der Sohn Friedrichs II., die Stadt wenige Kilometer entfernt neu aufzubauen.

Im Jahr 1256 gründete Manfred also Manfredonia. Und als Zeichen der Anerkennung wurde der Künstler Salvatore Lovaglio damit beauftragt, ein Denkmal zu errichten. Das war im Jahr 2015. Auch wenn diese Ehrerweisung viele Jahrhunderte auf sich warten ließ, mit der typischen und doch imposanten Reiterstatue aus Bronze wäre Manfred höchstwahrscheinlich einverstanden. Zielstrebig sitzt der Reiter auf seinem hohen Ross. Sein gestreckter Arm zeigt auf das heutige Stadtzentrum. Sein langes, gewelltes Haar schmiegt sich an seine Schultern. Dass es blond war, wissen wir auch dank des italienischen Dichters Dante Alighieri, der viele seiner Zeitgenossen in seiner »Göttlichen Komödie« ins Fegefeuer schickte. So auch Manfred. Im dritten Gesang des zweiten Teils heißt es über den Gründungsvater des apulischen Städtchens: *biondo era e bello e di gentile aspetto* – »blond war er und hübsch und hatte ein sanftes Auftreten«. Klar, dass eine solch schmeichelnde Beschreibung von der Gemeinde aufgegriffen und auf einer Plakette am Denkmal angebracht wurde.

Adresse Piazzale Silvio Ferri, 71043 Manfredonia | Anfahrt 45 Kilometer östlich von Foggia, über die SS 89 | Tipp Im Kastell, das Manfred von Sizilien erbaut haben lassen soll, befindet sich unter anderem das Museo Nazionale Archeologico. Die Ausstellung der beinahe 3.000 Jahre alten daunischen Stelen ist besonders sehenswert.

60 Die Salinen

Weißes Gold und rosa Vögel

Margherita di Savoia – diesen »königlichen« Namen trägt die Gemeinde an der Adriaküste erst seit 1879. Und zwar zu Ehren von Margarethe Maria Therese Johanna von Savoyen, die zu diesem Zeitpunkt seit einem Jahr Italiens Königin war. Sie ist auch die Namensgeberin des wohl beliebtesten Gerichts der italienischen Küche: der Pizza Margherita. Nach der Königin wurde der mit Basilikum, Mozzarella und Tomatensoße belegte Teigfladen benannt – eine neapolitanische Ode an die italienische Trikolore, die seit 1889 allen schmeckt.

Aber auch auf der genau gegenüberliegenden Seite des italienischen Stiefels wird ein elementares Lebensmittel hergestellt, das man nicht nur für eine gute Pizza braucht: Meersalz. In der größten Saline Italiens wird das gewonnene »weiße Gold« mit Baggern von A nach B transportiert. Ein Anblick, den man eher von am Strand spielenden Kindern kennt, die das Gleiche mit Sand machen.

Haupteinnahmequelle der Umgebung ist seit jeher das Salz. Dies bewährte sich während der Emigrationswelle der 1950er Jahre, als die Bevölkerung von Margherita di Savoia im Gegensatz zu anderen Gemeinden des Südens anstieg. Arbeit fand in der Saline die ganze Familie, bezahlt wurden allerdings nur die Männer. Entlohnt wurde nämlich nicht nach Stunden, sondern nach Arbeitsmenge. Diese Akkordarbeit führte dazu, dass Frauen und Kinder, die zwar fleißig halfen, dafür aber keinen Lohn erhielten, Wege fanden, reichlich Salzkristalle in ihrer Kleidung aus der Saline hinauszubefördern.

Heutzutage kann man etwas außerhalb des Ortes einen riesigen weißen Salzberg begutachten. Umgeben ist er von Salzbecken, die in allen Abstufungen der Farbe Rosa schimmern, sowie von Salzgärten, in denen die Bagger ohne Unterbrechung Salz ernten. Dieser Anblick ist genauso faszinierend wie die Entdeckung der zartrosa schimmernden Flamingos, die in den Salzbecken nach Nahrung suchen.

Adresse an der SP 5, 76016 Margherita di Savoia | Anfahrt 30 Kilometer südlich von Manfredonia, über die SP 5 | Öffnungszeiten von außen jederzeit | Tipp Der Verein »Pro Loco Margherita di Savoia« in der Via Principe Amedeo 4 organisiert Exkursionen im Naturschutzgebiet (Voranmeldung unter Tel. +39/339/156254).

61 Die Apotheke Sansone

Museum auf Rezept

Wer in Mattinata ein Medikament benötigt und deshalb die Apotheke Sansone aufsucht, muss erst einmal durch die jahrhundertelange Geschichte des Gargano reisen. Die *farmacia* in der Hauptstraße des Dörfchens beherbergt nämlich nicht nur Arzneimittel aller Art, sondern auch einige der 4.000 archäologischen Funde des Gründers.

Alles begann mit der vom Onkel hinterlassenen Sammlung. Dieser wiederum hatte sie ebenfalls geerbt, von dem Geistlichen Don Giuseppe Azzaron. Der junge Matteo Sansone kam somit früh in Kontakt mit archäologischen Fundstücken, sein Interesse für die Bodenschätze seiner Region wuchs über die Jahre weiter, und seine Kenntnisse auf dem Gebiet ermöglichten ihm die Teilnahme an den Ausgrabungen einer frühchristlichen Kultstätte bei der Basilica Santa Maria di Siponto im Jahr 1935.

Das Gebiet der heutigen Provinz Foggia wurde bereits ab dem 10. Jahrhundert vor Christus von dem Volk der Daunier bewohnt. Einer der bedeutendsten Orte, an dem unter anderem die faszinierenden daunischen Stelen gefunden wurden, ist der Monte Saraceno ganz in der Nähe von Mattinata. So kam es, dass sich die hölzernen Vitrinen der Apotheke weiter füllten, mit Artefakten wie Steinwerkzeug, Vasen und Münzen. Der Apotheker Sansone sammelte alles, was die Historie des Gargano betraf, auch Krippenfiguren aus dem 18. Jahrhundert fanden bei ihm Interesse und wurden archiviert.

Zu sehen ist die private Sammlung sowohl im Eingangsbereich der vom Enkel fortgeführten Apotheke als auch im 2023 eröffneten Museum Matteo Sansone. In diesem sind 2.500 historische Gegenstände wie daunische Gefäße aus Keramik, Grabsteine und Skulpturen ausgestellt. Ein Vermächtnis zwischen Medizin und Archäologie. Diese beiden Fachgebiete bestimmten das Leben von Matteo Sansone, der sich selbst als Archäologe aus Leidenschaft und Apotheker aus Notwendigkeit bezeichnete.

Adresse Corso Matino 114, 71030 Mattinata | Anfahrt an der südlichen Küste des Gargano, über die SS 89 | Öffnungszeiten Mo–Sa 8–13 und 16–30 Uhr, So und Feiertage 8–13 Uhr | Tipp Das »Museo Archeologico Nazionale Matteo Sansone« befindet sich in der Via Torquato Tasso 1 und beherbergt des Weiteren eine interessante Bernsteinsammlung (Tel. +39/375/7993822, täglich außer Mo).

62 Der Orchideenpfad

Blumen statt Bücher

An diesem Ort fahren die meisten Ortsunkundigen zunächst vorbei. Trotz Konzentration hinterm Steuer ist der unscheinbare Wanderweg leicht zu übersehen. Aber kein Problem, auf dem Gelände des Agriturismo Monte Sacro kann man wenden. Die Mitarbeiter sind es bereits gewohnt, den Pfad zum Eingang des »Sentiero delle Orchidee« zu erklären. Ein auffälliges Schild, das diesen ankündigt, sucht man nämlich vergebens.

Hier in der Kurve muss es sein. Hier geht es 874 Meter in die Höhe. Immer steiler bergauf, vorbei an bunten Blumen und grasenden, frei laufenden Kühen. Doch was sind das für eigenartige kleine Blümchen? In den Frühlingsmonaten sprießen hier dicht an dicht wilde Orchideen. Zwischen den grauen Felsen und dem satten Grün der Wiesen entdecken Wanderer die farbenfrohen Blüten. Auf halber Höhe lädt eine Madonnenstatue zum Innehalten ein. Zwar kommt einem durch das Ausschauhalten nach weiteren Pflanzen der erste Teil der Wanderung nicht beschwerlich vor, doch ab jetzt geht es – ohne Handyempfang – noch steiler auf den Monte Sacro. Wer Wanderschuhe und eine gute Kondition besitzt, kann sich zu den Ruinen des ehemaligen Klosters aufmachen. Alle anderen sollten es sich an der Picknickstelle gemütlich machen.

Weniger bunt geht es nun weiter. Das Laub der Bäume raschelt bei jedem Schritt. Die Abtei der Heiligen Dreifaltigkeit rückt näher. Noch ein paar Stufen, noch ein paar Meter, und die Überreste des ehemals großzügigen Gebäudekomplexes breiten sich vor einem aus. An der Wand der ehemalige Kirchenvorhalle mit dem Kuppeldach lassen sich letzte Farbtupfer eines Freskos erahnen. Kapitelle bilden das Ende der noch vorhandenen Säulen, die Reste von Dächern und Wänden tragen.

Schwer vorstellbar, dass dieses Benediktinerkloster im Mittelalter aufgrund seiner bestens ausgestatteten Bibliothek ein wichtiges Kulturzentrum Apuliens war.

Adresse Strada Contrada Stinco, 71030 Mattinata | Anfahrt an der südlichen Küste des Gargano, 55 Kilometer östlich von Foggia, über die SS 89 | Tipp Einen Blick auf die berühmten, aus dem Meerwasser ragenden Faraglioni kann man nur von den Booten erhaschen, die in der Sommersaison im Hafen von Mattinata ablegen. Die einzige Möglichkeit, den traumhaften Strandabschnitt in der Baia delle Zagare zu nutzen, ist, ein Zimmer im gleichnamigen Hotel zu buchen; die Nutzung des in den Felsen eingelassenen Fahrstuhls ist inklusive.

63 Das Taranta-Festival

Tanzen, bis die Tarantel nachgibt

Melpignano ist ein kleines Dorf im Salento. Jedes Jahr Ende August findet hier eines der größten Musikfestivals Italiens statt: die *Notte della Taranta*. Seit 1998 lockt das Fest mehr und mehr Besucher an. Waren es anfangs noch 5.000 Zuschauer, sollen es 2023 über 150.000 gewesen sein. Eine infrastrukturelle Herausforderung, die von den Organisatoren jedes Jahr aufs Neue gemeistert werden muss.

Betrachtet man den Ort des Festivals bei Tag, fällt es schwer zu glauben, dass sich hier so viele Menschen eine ganze Nacht lang den Pizzica-Klängen hingeben. Doch genau das ist der Fall. Neben den barocken Gebäuden, dem ehemaligen Augustinerkloster und der Kirche Madonna del Carmine wird eine Bühne aufgebaut, auf der das Programm des Festivals von einem Konzertmeister, meist einem italienweit bekannten Musiker, geleitet wird. Das Orchester und die Tänzer unterhalten das Publikum stundenlang mit den Klassikern und Neuinterpretationen des traditionellen Musikguts des Salento.

Der Tanz, der heute nur noch der Unterhaltung dient, wurde früher aus therapeutischen Gründen bei bestimmten psychischen und körperlichen Leiden eingesetzt, die man auf einen Spinnenbiss zurückführte. Fieber und Delirium sollten durch einen regelrechten musikalischen Exorzismus beendet werden. Die gebissene Person, *la tarantata*, wurde vom sich wiederholenden Rhythmus der Musikinstrumente Akkordeon, Violine und Tamburin dazu gebracht, ausgelassen zu tanzen. Ruckartig bewegten sich stundenlang sowohl Beine als auch Arme des in Ekstase befindlichen »Patienten«, bis der Körper – manchmal erst nach Tagen – kraftlos zu Boden fiel und die Musik verstummte.

Wer sich wie von der Tarantel gestochen fühlen möchte, jedoch weniger intensiv und in einem kleineren Kreis, dem sei ein Konzertabend der »Notte della Taranta itinerante« an einem anderen Augustabend in einem der 25 teilnehmenden Dörfer empfohlen.

Adresse Via della Libertà 66, Ex Convento dei Padri Agostiniani, 73020 Melpignano, www.lanottedellataranta.it | **Anfahrt** 27 Kilometer südlich von Lecce, über die SS 16 | **Öffnungszeiten** von außen jederzeit; Festival jährlich im August | **Tipp** Ein Besuch des Palazzo Marchesale Castriota ist sehr lohnenswert. Besonders der gepflegte Garten ist eine Augenweide und duftet im Frühling betörend.

64 Der Dolmen Li Scusi

Rätselhafte Steine

Versteckt er sich vor den Augen Ungläubiger, oder verbirgt er einen Schatz? In Minervino di Lecce fragt man sich das seit der Entdeckung des Dolmens im Jahr 1876. Der Name »Li Scusi« lässt es offen, und so spekulieren Wissenschaftler, Hobbyforscher und Anwohner über den ersten dokumentierten Fund eines prähistorischen Grabes in Apulien. Der Dolmen liegt zwischen vielen Olivenbäumen und stacheligen Feigenkakteen. Ein Schatz wurde hier entgegen der Legende noch nicht gefunden.

Luigi Maggiulli war derjenige, der den Steinkreis als Erster bemerkte, und sein Sohn Pasquale machte weitere Dolmen im Salento ausfindig. Gemeinsam mit dem apulischen Wissenschaftler Cosimo de Giorgi bildeten sie das Trio, das die Forschung zu den Steinmonumenten in Apulien begründete. Eine besonders akkurate Beschreibung der Steinkonstruktion lieferte de Giorgi zu Beginn des 20. Jahrhunderts in einem Aufsatz, in dem er alle bekannten Dolmen der *Terra d'Otranto* aufzählt und beschreibt: Circa 50 Meter von der Straße entfernt, die die Dörfer Minervino di Lecce und Uggiano La Chiesa verbindet, befindet sich der etwa einen Meter hohe Dolmen auf dem Grundstück »Scusi«. Es war also das Fleckchen Erde, auf dem das urzeitliche Relikt entdeckt wurde, das ihm seinen Namen gab.

In der Publikation de Giorgis folgt eine genaue Darlegung der Maße der acht Steinstützen, die, wie für Dolmen typisch, eine große, schwere Deckplatte tragen. Fast mittig ist in dieser ein kreisförmiges Loch zu sehen. Diente es dem Abfließen des Blutes der auf dem Stein enthaupteten Tiere oder zum Einfangen des Sonnenstrahls zur Sommersonnenwende? Selbst Pasquale Maggiulli hat keine genaue Antwort. In Minervino di Lecce bevorzugt man die zweite, appetitlichere Auslegung. In den letzten Jahren wurde um den 21. Juni ein regelrechtes Dolmen-Fest mit Tanz, Musik und Vorträgen organisiert – ganz ohne Opfergaben.

Adresse SP 56, 73027 Minervino di Lecce | Anfahrt 45 Kilometer südlich von Lecce, über die SS 16 bis Palmariggi fahren, dann der SP 59 folgen und in Minervino di Lecce auf die SP 56 abbiegen | Öffnungszeiten jederzeit zugänglich | Tipp Im Agriturismo La Fattoria der Familie Merico wird alles selbst gemacht. Auf gut 30 Hektar wird gepflanzt, geerntet und kleines sowie größeres Vieh gehalten. Sowohl speisen als auch übernachten kann man hier vor den Toren Otrantos.

65 Die Abtei von Pulsano

Panorama auf Knopfdruck

Zur Linken der Golf von Manfredonia, zur Rechten Geröll am Straßenrand. Am liebsten möchte man anhalten, aussteigen und das Panorama genießen. Tipp an dieser Stelle: Man sollte es nicht tun und sich den Nervenkitzel sparen, einer Rinderherde ausweichen zu müssen. Ja, mächtige Stiere, Kühe und Kälber wandern entlang der Straße. Achtung: Sie haben immer Vorfahrt! Schilder weisen alle, die die Weidestrecke queren, darauf hin. Am Ziel angekommen, wartet die nächste Herausforderung. Erst die Rinder, nun das verschlossene Tor. Auch in dieser Situation gilt es, Mut an den Tag zu legen. Einfach auf den vermeintlichen Klingelknopf drücken! Es handelt sich um den automatischen Türöffner zum schönsten Ausblick des Gargano.

Bevor es zum Aussichtspunkt geht, lohnt sich jedoch das Erkunden der Abtei von Pulsano. Diese hat eine turbulente Geschichte vorzuweisen. Nach ihrer Errichtung im 6. Jahrhundert durch Papst Gregor I. ließen sich hier verschiedene Ordensgemeinschaften nieder, die sich des religiösen Ortes annahmen. Ein Erdbeben im Jahr 1646 zerstörte die Bibliothek, Zeiten der Verwahrlosung im 11. Jahrhundert und in den 80er Jahren des letzten Jahrhunderts führten zu Verlusten von sakralen Gegenständen und Gemälden. Seit 1997 empfängt die klösterliche Gemeinschaft, die in der Abtei lebt, schweigt und arbeitet, wieder Besucher.

Für diese gibt es viel zu sehen. Zum Beispiel die Weihnachtskrippe und die goldene Ikone in der Grottenkirche. Und nicht zuletzt sind da die auf den ersten Blick unsichtbaren Einsiedeleien. Manche dieser Orte, die der Kontemplation der Mönche dienten, sind nicht mehr als eine Höhle, andere sind mit Fresken dekoriert oder wurden als Mühle genutzt. Die meisten der 24 *eremi* können heute nicht mehr besichtigt werden. Dennoch lohnt sich ein Spaziergang auf dem Außengelände der Abtei. Denn von der Wiese oberhalb der Schlucht bietet sich ein spektakuläres Panorama.

Adresse Via Santa Maria di Pulsano, 71037 Monte Sant'Angelo, Tel. +39/0884/561047 oder +39/328/0243496 | Anfahrt 70 Kilometer östlich von Foggia, über die SS 89, den Schildern Richtung Monte Sant'Angelo folgen und weiter auf der SP 55, in Monte Sant'Angelo Richtung Abbazia Santa Maria di Pulsano | Öffnungszeiten täglich 7–19 Uhr, geführte Wanderungen zu den Einsiedeleien nach Anmeldung bei Andrea Stuppiello unter Tel. +39/340/6726811 | Tipp In der Bäckerei »Forno Taronna« in der Via Garibaldi 31 in Monte Sant'Angelo backt Donato Brot und typisches Gebäck. Köstlich sind die mit Mandeln und Honig gefüllten Oblaten.

66 Das Bade-Zimmer

Überdachtes Planschen

Die wohlsituierten Damen der Umgebung waren froh, als sie im 19. und beginnenden 20. Jahrhundert in einem Separee ihren Strandtag verbringen konnten. An den Klippen der Küste wurden kleine Häuser erbaut, die das ungestörte Planschen ermöglichten. Diese Bade-Zimmer waren nicht immer aus Holz, manchmal hatten sie Steinwände und waren mit Flachdächern versehen. Sie schützten vor neugierigen Blicken und vor den ungeliebten Sonnenstrahlen. Doch nicht etwa aus gesundheitlichen Gründen, sondern aus Angst, die Haut könne der einer Bäuerin ähneln, die tagein, tagaus unter der Sonne arbeitete.

Der Strand von Santa Caterina befindet sich in unmittelbarer Nähe des kleinen Yachthafens. Von hier starten Fischerboote und mit Neoprenanzug und Druckluftflasche ausgestattete Taucher. Die einen auf, die anderen unter der Wasseroberfläche des Ionischen Meeres. Noch heute steht hier auch das Bade-Zimmer. Beim Betreten gibt der sandige Boden Schritt für Schritt nach. Tatsächlich fällt das Sonnenlicht nur durch einige kleine Löcher in die Steinkonstruktion und durch die »Eingangstür« ein. Das Meerwasser glänzt türkis, und eine *signora*, die regelmäßig das Bade-Zimmer aufsucht, gibt den Hinweis, sich die Mauern von innen genauer anzusehen. Recht hat sie: Dunkelblaue, gelbe und dunkelrote Abschnitte lassen sich an den Wänden erkennen, und die Phantasie des Betrachters vollendet die ehemalige Verzierung.

Das Wasser ist so klar, dass man die silbern schimmernden Fische gut beobachten kann, ohne mit dem Kopf unterzutauchen. Das muss man allerdings tun, wenn man das Bade-Zimmer schwimmend erreichen möchte. Dazu muss man die Konstruktion und die Öffnung in der Wand unter der Wasseroberfläche frontal vor sich haben. Jetzt heißt es: Einen tiefen Atemzug nehmen, tauchend in die »stanza dei bagni« gelangen, das Farbspiel erneut bewundern und den Tauchgang nach Belieben wiederholen.

Adresse Via Lungomare Verne 8, 73050 Nardò | Anfahrt 16 Kilometer nördlich von Gallipoli, über die SP 108, ab Santa Maria al Bagno der Küstenstraße Via Emanuele Filiberto folgen | Tipp An der westlichen Küste von Santa Caterina thront der Turm Santa Maria dell'Alto über einer Klippe, die auch »Rupe della dannata«, also »Klippe der Verdammten« genannt wird, da sie Schauplatz einer tragischen Legende ist. Vom Ende der Via Cantù hat man diesen Ort besonders gut im Blick.

67 Die weißen Olivenbäume

Ein Mahnmal gegen Xylella

Der Olivenhain der Familie Tarantino wird nie wieder Oliven zur Herstellung von Öl hervorbringen. Auch ihre Bäume wurden vom Feuerbakterium *Xylella fastidiosa* heimgesucht. Im Oktober 2013 meldeten italienische Behörden den ersten Nachweis des Schädlings. Seitdem wandert das Bakterium, transportiert von Insekten wie Zikaden, scheinbar unaufhaltsam gen Norden, denn noch immer wurde kein Mittel gegen die Infektion der befallenen Bäume gefunden. Es hilft nur, resistente Arten neu zu pflanzen.

Überall im Salento ragen karge, vertrocknete Äste in den Himmel. Die Baumkronen verlieren als Erste ihre olivgrüne Farbe. Die Blätter der befallenen Äste scheinen zu verwelken. Und in gewisser Weise tun sie das auch, da *Xylella* das System der Nährstoffaufnahme des Baumes zerstört. Durch das dürre, abgestorbene oder abgeschnittene Geflecht der Kronen wirken die Bäume wie enthauptet. Nur noch die robusten Stämme, manche Jahrhunderte alt, erinnern daran, dass hier vor gar nicht langer Zeit sehr profitabel Oliven geerntet wurden. Durch die massive Veränderung der Landschaft, die von dieser Monokultur geprägt wurde, ist für viele Anwohner das eigene Stück Land nicht mehr wiederzuerkennen.

Welch einen Schaden dieses Bakterium nicht nur in finanzieller Hinsicht angerichtet hat, lässt sich beim Betrachten der Installation des apulischen Fotografen Ulderico Tramacere erahnen. Inmitten seiner Land-Art finden mehrmals pro Jahr medienübergreifende Kulturveranstaltungen statt.

Wo es einst silbern glänzte, strahlt es nun kaltweiß. Die Olivenbäume wurden von Donato Nestola kunstvoll beschnitten und von Tramacere mit Kalk angemalt. Die einzelnen Bäume sollen zwar – in Anlehnung an Denkmäler – an edle Marmorstatuen erinnern, doch auch der Vergleich mit Knochen eines Skeletts drängt sich auf. Er passt vielleicht sogar besser zur Bedeutung des Olivenbaumsterbens für den Salento.

Adresse Campo dei Giganti, Via Orsini del Balzo, 73048 Nardò | Anfahrt 30 Kilometer westlich von Lecce, über die SP 119, hinter Leverano den Schildern Richtung Porto Cesareo folgen, dann Richtung Veglie fahren, weiter auf der SP 220 und der SP 113, 20 Kilometer außerhalb von Nardò | Tipp Der Legende nach wurde an der Stelle, wo ein Stier eine Quelle entdeckte, Nardò gegründet. Nehmen Sie in einer Bar auf der kleinen Piazza Antonio Salandra Platz, lauschen Sie dem Plätschern des Wassers des Stierbrunnens und genießen Sie den Blick auf den hübschen Kalksteinturm »Guglia dell'Immacolata«, der aus dem Platz zu ragen scheint.

68 Die Mumienkrypta

Ein Kirchenbesuch zum Gruseln

An der Stelle der heutigen Basilica di Santa Maria Assunta stand bis 1747 eine mittelalterliche Kirche. Durch ein Erdbeben vier Jahre zuvor war diese so zerstört worden, dass der damalige Bischof entschied, sie abreißen und neu bauen zu lassen. Die ganze Aktion wurde von Karl III., unter anderem König von Neapel, finanziert, der im Gegenzug zwei grüne Marmorsäulen vom Bischof erhielt. In der Kirche wechseln sich schwarzer und roter Marmor ab, das Gewölbe ist mit Stuck verziert, goldene Elemente schmücken die Wände sowie die Kapitelle der flachen Säulen.

Weniger bunt geht es in der »Cripta delle Mummie« zu. In dem unterirdischen Oratorium der *Compagnia della Morte*, der »Erzbruderschaft des Todes«, befinden sich in 22 Nischen 11 Mumien. Ja, richtig gelesen. Sollten Sie einen empfindlichen Magen haben, können Sie im Vorraum der Bruderschaft warten und sich statt der menschlichen Überreste Requisiten für Prozessionen ansehen.

Traut man sich jedoch auch die letzten Stufen hinunter, trifft man auf die mit Kutten bekleideten Mumien. Zwischen den weißen Wänden fallen die dunklen Gestalten besonders auf. Zur Linken sind die Nischen mit Skeletten und Totenköpfen ausgestattet. Nur eine Umzäunung sorgt für einen gewissen Sicherheitsabstand, trotzdem ist man noch immer nah genug an den Fingerknochen und Zähnen der Mumien dran. Mitglieder der *Compagnia della Morte* sollten hier über ihren Tod hinaus Anerkennung erhalten. Es handelte sich dabei um Freiwillige aus Oria, die im Jahr 1480 die Stadt Otranto bei der Befreiung von der osmanischen Belagerung unterstützten.

Obwohl das Mumifizieren ab dem Jahr 1806 verboten war, zeigen Studien, dass zehn der elf Körper erst später für die Ewigkeit konserviert wurden. Die letzten fünf Totenköpfe rechts außen in der Reihe über den Mumien könnten zeitlich gesehen von Mitgliedern der Bruderschaft stammen.

Adresse Via Cattedrale, 72024 Oria | Anfahrt 35 Kilometer westlich von Brindisi, über die SS 7, Ausfahrt Latiano Ovest nehmen und der SP 71 folgen | Öffnungszeiten Besichtigung der Krypta nach Voranmeldung beim Verein »Nuova Hyria« unter Tel. +39/338/2655360 | Tipp Auch ein Abstecher ins benachbarte Francavilla Fontana ist empfehlenswert. Neben dem Erkunden des historischen Zentrums lohnt es sich besonders, das Castello Imperiali zu besichtigen und nach Voranmeldung an einer kostenlosen Führung durch die Gebäude und Kirchen des Ortes teilzunehmen (Tel. +39/328/2821517 oder E-Mail an info@coopimpact.it).

69 Der älteste Ofen Apuliens

Countdown zum 500. Geburtstag

An einem Freitagmorgen war eine *signora* aus Orsara di Puglia gerade dabei, Brot zu backen, als sie eine Frau bemerkte und ihr anbot, sich zu ihr zu setzen. Sie reichte der Unbekannten ein Glas Wasser und etwas zu essen. Zu einem späteren Zeitpunkt probierte sie – nun wieder allein – das Brot und musste feststellen, dass es dieses Mal besonders köstlich geworden war. Was war nur anders? Die Zutaten waren die gleichen … Natürlich, die Dame, die sich während des Brotbackens hier ausgeruht hatte!

Und so entstand die Legende, dass an jenem Tag die Madonna durch die Straßen von Orsara spaziert sei und die höfliche Einladung der Frau angenommen habe, ihr Gesellschaft zu leisten. Noch heute wird hier ausschließlich freitags Brot gebacken. Auch Fort- und Weiterbildungskurse von Bäckern finden in der kleinen Gemeinde freitags statt.

Doch wo wird gebacken? Zum Beispiel bei »Pane und Salute«. In dieser Trattoria dreht sich alles um den ältesten Ofens Apuliens. Genauer gesagt ist es der älteste Ofen, der noch mit Heu befeuert wird. Es gibt einen Raum rechts vor der Küche und einen zur Linken, hier befindet sich der besagte Ofen. Drei Tische stehen samstags und sonntags davor. Aber das, was aufgetischt wird, hat darauf kaum Platz. Während Antipasti, eine Suppe im Brotlaib, zwei Pastavarianten und ein Hauptgericht serviert werden, geht der Blick zu den Schildern, auf denen jeweils der 4. März mit verschiedenen Jahreszahlen vermerkt ist. Sie symbolisieren den Countdown zum Jahr 2026. Dann wird der Ofen 500 Jahre alt! Und während man freundlich abwinkt und das Dessert ausfallen lässt, denkt man schon an den Spaziergang. Zu empfehlen ist der Weg hinauf auf den Hügel von Orsara an der Grenze zu Kampanien. Hier steht die »Parkbank der Gesundheit«, von hier aus kann man den ganzen Gargano sehen – und erkennt auch den einen oder anderen Gast der Trattoria wieder, der die gleiche Idee hatte.

Adresse Via Caracciolo 13, 71027 Orsara di Puglia, Tel. +39/0881/964826 | Anfahrt 40 Kilometer westlich von Foggia, über die SS 90 | Öffnungszeiten Sa, So 12–15 Uhr | Tipp Im Jahr 1986 bewunderte Joseph Ratzinger, der spätere Papst Benedikt XVI., die Kathedrale des Dorfes Troia, insbesondere das Relief der Steinkanzel. Nebenan in der Pasticceria Casoli gibt es die »Passionata«, ein Dessert in elf Geschmacksrichtungen zu Ehren der elf Säulen, die die Fensterrose der Kathedrale Santa Maria Assunta zieren.

70 Das Kulturzentrum

Der Mond im Brunnen

Es ist der 10. August, San Lorenzo. In dieser Nacht verabreden sich alle zum Sternegucken. Einen Blick auf die glücksbringenden Perseiden möchte sich niemand entgehen lassen. Abgelegene dunkle Orte wie Strände und Landhäuschen werden zu Treffpunkten für das Erhaschen der aufleuchtenden Sternschnuppen. So manches Dach wird zur Sternwarte umfunktioniert. Auf jeden Fall verbringt man diesen Abend in Gesellschaft.

Auch im Kulturzentrum »La Luna nel Pozzo« von Pia Wachter und Robert McNeer wuselt es. Die Besucher des Open-Air-Festivals mischen sich unter die Schauspieler, die schon beim *aperitivo* ihre Rollen verkörpern. Voller freudiger Erwartung begeben sich die Zuschauer zum selbst gebauten Amphitheater. Das Klima, die Akustik und der Zufall, dass an passender Stelle eine Sternschnuppe den Himmel kurz aufleuchten lässt, verzaubern das Publikum. Das ist immersives Theater. Wer also keine ungewollte Nebenrolle im Stück erhalten möchte, sollte den Verlauf des Abends gut im Auge behalten. Die Begegnung mit dem Publikum vor, während und nach der Aufführung gehört dazu. Gäste, die einen Schlafplatz im Gebäude oder auf dem Campingplatz gebucht haben, erleben das Beisammensein bis in die frühen Morgenstunden.

Der Weckruf zum Frühstück kommt von dem Esel, der auf dem Grundstück zu Hause ist. Genauso wie Pia und Robert, die inmitten der Hügel des Itria-Tals leben und arbeiten. Nach einer jahrzehntelangen Karriere als Theaterschauspieler und etlichen Tourneen mit dem Theater Kismet aus Bari haben sie sich 1998 entschieden, im Einklang mit der Natur ein eigenes Theater zu gründen. Ihr Team besteht aus Mitarbeitern, Ehrenamtlichen und Freiwilligen aus aller Welt. Gemeinsam bieten sie auf dem Grundstück, das von 5.000 selbst gepflanzten Bäumen umgeben ist, unterschiedliche Workshops an und organisieren im Sommer verschiedene Festivals.

Adresse Contrada Foragno, 72017 Ostuni, Tel. +39/0831/330353 oder +39/331/5881790, www.la-luna-nel-pozzo.com | Anfahrt 50 Kilometer nördlich von Brindisi, auf der E 55 bis zur Ausfahrt Torre Pozzella, weiter auf der SP 21 bis Ostuni, dann der SP 14 folgen | Öffnungszeiten Informationen zu Kursen und Veranstaltungen auf der Website, Anmeldung notwendig | Tipp Ostuni, die »weiße Stadt«, ist schon von Weitem zu sehen und inzwischen als Urlaubsort sehr beliebt. Ein Besuch lohnt sich dennoch.

71 Die Bauxitgrube

Natürliches Farbspektakel

Auf der Strecke zwischen Otranto und Porto Badisco darf man sich nicht wundern, wenn das Radio automatisch den Kanal wechselt. Oft empfängt man auf dieser Straße nämlich am besten Radio Tirana. Hält man zwischendurch an, kann es sein, dass man eine SMS mit folgendem Text erhält: »Herzlich willkommen in Griechenland«. Dies erklärt sich durch die Nähe der Küste Apuliens zu den Nachbarländern – nur die hier sehr schmale Adria trennt sie.

Die Cava di Bauxite wirkt wie die Landschaft eines fernen Planeten. Auf rotbrauner Erde führt der Weg über Felder zum ehemaligen Tagebau. Der Zufallsfund eines Schülers lenkte die Aufmerksamkeit von Forschern auf das Bauxitvorkommen in der Gegend. Daraufhin wurde ab den 60er Jahren des 20. Jahrhunderts in Otranto Bauxit gewonnen. Dieser Rohstoff eignet sich für die Aluminiumproduktion. Das rötliche Erz wurde hier im Salento abgebaut, gewaschen und vom nahe gelegenen Hafen nach Marghera in Norditalien verschifft. In den nachfolgenden Jahren war die Gewinnung aufgrund des geringen Aluminiumgehalts im Gestein nicht mehr profitabel, 1976 stellte man sie schließlich ganz ein.

Inzwischen ist die Bauxitgrube mit Süßwasser gefüllt, das – je nach Tageszeit – smaragdgrün schimmert, abhängig von der Sonneneinstrahlung mal heller, mal dunkler. In direktem Kontrast zu der Farbpalette des Sees steht die Hügellandschaft, die die meisten Nuancen der Farbe Rot aufgreift. Auf Höhe der Wasseroberfläche ist sie etwas dunkler und rostbraun, am Rand der Grube fast schon gelb. Unterbrochen werden diese Farben vom satten Grün der umliegenden Bäume und des Schilfs.

Bei der Wanderung um die Bauxitgrube ist es auf jeden Fall ratsam, gutes, vielleicht nicht ausgerechnet weißes Schuhwerk zu tragen. Vorsicht ist auf dem sandigen Untergrund geboten, denn hineinfallen in die bunte Cava sollte man trotz der einladenden Farbenpracht nicht.

Adresse Cava di Bauxite, 73028 Otranto | Anfahrt 50 Kilometer südlich von Lecce, über die SS 16 bis Otranto, im Kreisverkehr die 1. Ausfahrt nehmen und auf der SS 695 Richtung Otranto Sud weiterfahren, den Schildern zur località Orte folgen | Tipp Die Straße vom Parkplatz zur Bauxitgrube führt weiter ans Meer. In der Bucht »Baia dell'Orte« kann man wunderbar schwimmen und den Küstenabschnitt erkunden.

72 Das Kastell

Gothic Novel made in Otranto

Die ehemalige Festung von Otranto dient heute als Museum. Eine Dauerausstellung erzählt von den vergangenen, turbulenten Zeiten der Stadt an der Adria mit ihrem *Castello Aragonese*. Durch Wechselausstellungen gelangen Werke von namhaften Künstlern in den tiefen Süden Apuliens. Fotografien von Sebastião Salgado, Drucke von Andy Warhol und Keramiken von Pablo Picasso wurden hier schon präsentiert.

Im 18. Jahrhundert wurden die Räume des Kastells durch ein literarisches Werk berühmt. Sie waren Schauplatz des ersten Schauerromans. 1764 erschien »The Castle of Otranto« von Horace Walpole. In der ersten Gothic Novel der Literaturgeschichte fallen Ritterhelme vom Himmel, Gemälde seufzen, riesige Schwerter springen umher, und Manfred, der tyrannische Hausherr, nutzt Geheimgänge, um durch das Schloss zu streifen. In fünf Kapiteln wird von geplanten Hochzeiten, Missverständnissen und tödlichen Begegnungen berichtet.

Der Sohn des ersten Premierministers Großbritanniens Sir Robert Walpole ließ bereits einige Jahre vor der Veröffentlichung des Romans sein Landhaus an der Themse außerhalb von London in ein gotisches Schloss umbauen. Hier auf Strawberry Hill wurde in Englands erster privater Druckerei das Werk veröffentlicht. Zu Lebzeiten bot Walpole bereits Führungen durch seinen besonderen Wohnsitz an. So wie heute die Besucher von Otranto das *castello* besichtigen können. Auf den literarischen Spuren von Walpole betritt man eine Zugbrücke, die über den trockenen Burggaben in das Innere des Schlosses führt. Verwinkelte steinerne Treppenaufgänge leiten durch die mit Vitrinen gefüllte Ausstellungsfläche zum Dach. Von hier aus genießt man einen herrlichen Blick auf den Hafen von Otranto. Dabei zeigt sich, dass dieser Ort zwar im Literaturgenre der Schwarzen Romantik vorkommen mag, aber in Wirklichkeit keineswegs unheimlich ist – im Gegenteil.

Adresse Piazza Castello, 73028 Otranto | Anfahrt 47 Kilometer südlich von Lecce, über die SS 16 | Öffnungszeiten im Winter täglich 9–13 Uhr, im Sommer täglich 10–22 Uhr | Tipp Vom Stadtstrand am Lungomare Kennedy genießt man einen schönen Ausblick auf die Altstadt.

73 Der Leuchtturm

Italiens östlichster Punkt

40°6,4'N – 18°31,2'E. Die Straße von Otranto ist an dieser Stelle am schmalsten, nur circa 70 Kilometer trennen die beiden Länder Italien und Albanien voneinander. Bei klarer Sicht tauchen sogar die Berge der gegenüberliegenden Küste auf, was dazu führt, dass auf der Küstenstraße, der *litoranea*, so gut wie jeder Autofahrer rechts ranfährt, um dieses Szenario in Ruhe zu betrachten.

Das Meer ist in Apulien nie weit weg, deswegen stehen auf den Felsen oftmals Leuchttürme oder Wehrbauten. Dieser Leuchtturm, der »Faro di Punta Palascìa«, zählt zu den insgesamt 366 Türmen des heutigen Salento. Um zu dem 1867 errichteten Gebäude zu gelangen, müssen Rad- oder Autofahrer den Straßenschildern folgen, denn von Land aus sieht man die Konstruktion zunächst noch gar nicht. Dann steht eine kleine Wanderung bevor. Diese geht bergab. Der Weg führt in Serpentinen entlang des steinigen Hangs, die Meerenge hat man dabei immer im Blick. Kleinere Boote und Containerschiffe lassen sich auf der Wasseroberfläche erahnen, und das weiße Gebäude, das sich von dem Blau des Meeres und des Himmels absetzt, kommt näher.

Am Leuchtturm angelangt, können die Besucher das Panorama dieses abgelegenen Ortes genießen oder während der Öffnungszeiten den 32 Meter hohen Turm besteigen. 140 Stufen führen hinauf zu der Laterne, die alle 5 Sekunden ein Lichtsignal aussendet. Angefertigt wurde sie im Jahr 1884 von Augustin Henry-Lepaute, einem Schüler Gustave Eiffels, des französischen Ingenieurs, der die nach ihm benannte Stahlkonstruktion in Paris schuf. Ein kleines Museum zu den mediterranen Ökosystemen kam in den vergangenen Jahren dazu und wird oft von Schulklassen besucht.

Den größten Andrang erfahren das Kap und der Leuchtturm jedoch in den frühen Morgenstunden des 1. Januar. Der erste Sonnenaufgang Italiens – das möchte sich hier natürlich niemand entgehen lassen.

Adresse an der SP 87, 73028 Otranto | Anfahrt 50 Kilometer südlich von Lecce, über die SS 16, ab Otranto weiter auf der SP 87 | Tipp Der Torre del Serpe außerhalb von Otranto ist auf dem Wappen der Stadt zu sehen. Der Legende nach hat sich die ebenfalls dort abgebildete Schlange vom Öl der Laterne des Wachturms genährt und somit verhindert, dass die Osmanen die Stadt angreifen konnten. Der Überfall fand dennoch im Jahr 1480 statt und prägte die Historie Otrantos.

74 Der monumentale Friedhof

Begraben in einem korinthischen Kapitell

1964 schließen sich 14 Architekten in Italiens Hauptstadt zum Studio Grau zusammen. Drei Jahre danach erhalten der Gründer des Studios, Antonio Anselmi, und die Architektin Paola Chiatante den Auftrag, das Friedhofsgelände der Gemeinde Parabita zu erweitern. 1972 beginnt die Bauphase, die insgesamt zehn Jahre dauern wird.

Künstliche Blumen, mal mehr, mal weniger von der Sonneneinstrahlung verblasst, zieren die letzten Ruhestätten der verstorbenen Bewohner von Parabita. An den Mauern der Kolumbarien, der typischen Friedhofswände, in denen sich die Särge befinden, lassen sich die Namen der Toten und ihre Lebensdaten ablesen. Auch dies mal besser, mal schlechter, je nach Zustand der Grabplatte.

Der monumentale Friedhof leuchtet durch das verwendete Baumaterial, den für die Gegend charakteristischen Carparo, gelb. Auch die Form ist besonders. Sie ähnelt einem Labyrinth aus Stein, dessen Gestalt sich während einer Besichtigung nicht auf Anhieb erschließt. Verschiedene Gebäudeteile, manche konsequent symmetrisch, andere schneckenförmig, ergeben zusammen den Grundriss eines korinthischen Kapitells. Der Bezug zum dekorierten Abschluss eines Säulentyps, der seinen Ursprung in der griechischen Architektur hat, steht sinnbildlich für die in der Antike erbauten Tempel und deren Verbindung zu Natur und Architektur.

Auf Luftaufnahmen lässt sich die Gebäudestruktur, der Umriss des Kapitells, am besten nachvollziehen. Doch auch eine Begehung des Friedhofs empfiehlt sich. Der Eingang wird von einer hohen geschwungenen Mauer abgegrenzt. Das Gebeinhaus ist der Mittelpunkt des Friedhofs, und seitlich führen Aufgänge zu den privaten Kapellen. Immer wieder aufs Neue ändern sich der Blickwinkel und die Wahrnehmung der geometrischen Formen dieses postmodernen Baus.

Adresse Via Po, 73052 Parabita | Anfahrt 15 Kilometer östlich von Gallipoli, über die SP 361 | Öffnungszeiten ganzjährig täglich 7.30 – 12 Uhr, außerdem Okt. – März 14.30 – 17 Uhr, April, Mai, Sept. 16 – 18.30 Uhr, Juni – Aug. 16.30 – 19 Uhr | Tipp Das Santuario della Madonna della Coltura wurde im Jahr 1913 anstelle einer ehemaligen Kapelle erbaut und ab 1942 von dem italienischen Maler Mario Prayer freskiert. Eine außerhalb des Ortes auf einem Acker gefundene Stele mit einem Abbild der Madonna mit Kind sowie griechischen Schriftzügen ist die Sehenswürdigkeit und Namensgeberin dieser Basilika (Piazza Regina del Cielo 1).

75__Bei Mimì

Mehr Meerblick geht nicht

Es begann alles mit dem Namensgeber, der 1975 aus Kanada zurückkehrte und sich mit seiner Frau Lucia des *trabucco*, eines Pfahlbaus für den Fischfang, annahm. Nicht nur Campen war angesagt, die Besucher der Bucht unterhalb des Dörfchens Peschici wollten auch essen. Also bot die Familie Ottaviano gefüllte Auberginen und *panzerotti*, frittierte Teigtaschen, an. Bis ein Gast auf die Idee kam, nach Fisch zu fragen. Schließlich befand er sich ja auf einem Hochstand für Fischer.

Nach Carlo, dem Sohn von Mimì, führen heute die Zwillinge Domenico und Vincenzo in dritter Generation das Unternehmen, das aus Restaurant und Bed and Breakfast besteht. Zwar haben sie dank Social Media inzwischen auch eine gewisse Berühmtheit erlangt – es empfiehlt sich, weit im Voraus ein Plätzchen zu reservieren –, doch für Fans der Kulinarik und für Liebhaber von atemberaubenden Sonnenuntergängen sollte diese Adresse unbedingt auf die To-do-Liste. Auf den Felsen vor der Holzkonstruktion wird nicht nur einmal, sondern gleich zweimal pro Tag, mittags und abends, *aperitivo* angeboten: Cocktails und Fisch-Tapas – Meeresrauschen inklusive.

Das Angebot des Restaurants hat einen drastischen Wandel vollzogen: von der traditionellen Küche von Nonna Lucia zu den ausgefeilten, gehobenen Gerichten des Chefkochs Domenico. Feinschmecker können zwischen einem Menü mit Weinbegleitung und À-la-carte-Essen entscheiden. Auf jeden Fall sollte der Genießer auch Platz für das Dessert lassen. Der essbare Pinienzapfen ist inzwischen zum Kultgericht geworden, und während der Löffel die Mousse in Zapfenform verkleinert, versinkt die Sonne im Meer. Das rosafarbene Lichtspiel wird langsam dunkler, und die bunten Bojen stellen sich nicht nur als Dekoration, sondern auch als Beleuchtung heraus. Es lebe die Aleppo-Kiefer, deren Zapfen so köstlich schmecken können und deren Stämme dem Meer trotzen und diesen Ort tragen.

Adresse Località Punta San Nicola, 71010 Peschici, Tel. +39/0884/962556, www.altrabucco.com | Anfahrt 22 Kilometer nördlich von Vieste, über die SS 89, in Peschici auf der SP 52 der Beschilderung zum »Al Trabucco Ristorante« folgen | Öffnungszeiten saisonal unterschiedlich, aktuelle Informationen auf der Website | Tipp Die Wallfahrtskirche Madonna di Loreto öffnet nur an einem Montag im Jahr ihre Pforten, dem nach Ostermontag. Nach der Prozession und der Messe zu Ehren der Schutzheiligen wird auf dem Hügel gemeinsam typisches Ostergebäck gegessen.

76 Die Klippen des Belvedere

Höhenangst ist hier von Nachteil

Harmlos geht es die meiste Zeit des Jahres in der Lama Monachile, am Stadtstrand von Polignano a Mare, zu. Spaziergänger suchen von der Brücke aus den Zugang zum steinigen Strand unter ihnen. Badende planschen im Wasser, und kleine Boote fahren langsam an der Bucht vorbei.

Wäre da nicht einmal im Jahr die Red Bull Cliff Diving World Series. Ist der Sport an sich, das Klippenspringen, deutlich älter, so gibt es die organisierten Weltmeisterschaften erst seit 2009. Verschiedene Locations weltweit dienen als Absprungfläche für die Extremsportler. Jede ist aufgrund der Beschaffenheit und Umgebung des Sprungbretts, der Lichtverhältnisse und der Wasseroberfläche anders. Alles kann sich innerhalb von nur wenigen Stunden ändern, und die Springer müssen sich auf die veränderten Bedingungen einstellen.

Zwölf Frauen und zwölf Männer treten bei den Weltmeisterschaften an. Über das Jahr verteilt springen sie in verschiedenen Teilen der Welt jeweils aus bis zu 21 oder 27 Meter Höhe. Die Akrobatik im freien Fall wird von Juroren bewertet und ergibt das Ranking. Vertikal, mit den Füßen voran, muss der Sprung ins Wasser enden. Mut, Fokussierung, Körperkontrolle und das Streben nach Perfektion müssen die Teilnehmer mitbringen, denn ein Sprung aus diesen Höhen kann schon mal eine Geschwindigkeit von 85 Kilometern pro Stunde erreichen.

Wer keine Höhenangst hat, kann sich bei einem Spaziergang durch Polignano a Mare zu dem Ort begeben, von dem aus sich die Sportler in die Tiefe stürzen. Vom Belvedere hat man die Bucht, die gegenüberliegenden Felsen, die während der Meisterschaften als Tribüne dienen, und die schwindelerregende Höhe gut im Blick. Rechts vom Aussichtspunkt, an den Privathäusern der kleinen Gasse, wird die Absprungkonstruktion für die Meisterschaften aufgebaut. Auf den Terrassen wärmen sich die Sportler auf, bevor sie den perfekten Sprung von den Klippen wagen.

Adresse Via Porto 30/A, 70044 Polignano a Mare | Anfahrt 35 Kilometer südlich von Bari, über die SS 16, Ausfahrt Polignano a Mare Nord nehmen | Tipp Sie spielen in der Familie gern das Brettspiel Monopoly? Dann müssen Sie nach Monopoli! Nur zehn Kilometer südlich von Polignano a Mare liegt die kleine apulische Hafenstadt.

77 Die Statue von Modugno

Volare, oh, oh …

Wer in Polignano a Mare ankommt, möchte am liebsten die Arme in den Himmel strecken und die berühmte Bucht namens Lama Monachile umarmen, so wie Domenico Modugno das auf der Piazza Caduti di Via Fani tut. Die Bronzestatue des argentinischen Bildhauers Hermann Mejer stellt den berühmtesten Sohn Polignanos dar.

Mimì, wie ihn alle nannten, wurde hier am 9. Januar 1928 geboren und erlangte mit dem Lied »Nel blu dipinto di blu« Weltberühmtheit. Zum ersten Mal sang Modugno es beim italienischen Musikfestival von Sanremo im Jahr 1958. Er gewann den Wettbewerb und qualifizierte sich somit für den »Grand Prix Eurovision de la Chanson« desselben Jahres, wo Italien dank seines Auftritts den dritten Platz belegte. Das Lied mit dem Ohrwurm »Volare, oh, oh« gewann außerdem drei Grammys bei der ersten Verleihung des amerikanischen Musikpreises im Jahr 1959. Laut SIAE, der Verwertungsgesellschaft für Künstler, die der deutschen GEMA entspricht, ist der Song das weltweit meistgespielte italienische Lied.

Textsicher sind die meisten, die Domenico Modugno einen Besuch abstatten: »Cantare, oh, oh, oh, oh …« Mit wehendem Jackett, ausgebreiteten Armen und dem für Mimì typischen Schnauzbart steht die Statue des 1994 verstorbenen Künstlers etwas erhöht auf der Piazza. Hinter ihm die Weite des Meeres, vor ihm das beschauliche Dorf mit den kleinen weißen Häuschen, die sich entlang der schroffen Küste aneinanderreihen.

Modugno reihte in seiner Karriere Erfolg an Erfolg. Er gilt als einer der bedeutendsten *cantautori*, wie in Italien Sänger genannt werden, die selbst geschriebene Lieder interpretieren. Da scheint es nur folgerichtig, dass ein im Jahr 1988 von Astronomen entdeckter Asteroid dem Star der italienischen Musikwelt gewidmet wurde. Der Himmelskörper »6598 Modugno« befindet sich im Hauptgürtel zwischen Mars und Jupiter. Und wie könnte es da wohl sein, wenn nicht *blu dipinto di blu*?

Adresse Piazza Caduti di Via Fani, 70044 Polignano a Mare | Anfahrt 37 Kilometer südlich von Bari, über die SS 16, Ausfahrt Polignano a Mare Nord nehmen | Tipp In einer Grotte dinieren? Das geht sehr luxuriös im Restaurant des Fünf-Sterne-Hotels Grotta Palazzese in der Via Narciso 59.

78 Die Bar da Carlo

Hochzeitsbrötchen mit Aussicht

Motorradfahrer sausen zielstrebig um die Kurven, Autos drängen sich auf der engen Straße auf der Suche nach einem Parkplatz, Taucher überqueren die kleine Piazza mit ihrer schweren Ausrüstung, und auch Radfahrer machen hier gern eine kleine Pause. Selbst Aeneas, der Protagonist von Homers Ilias, soll hier einen – wenn auch unfreiwilligen – Aufenthalt eingelegt haben, bevor er sich auf den Weg nach Rom gemacht hat. Auch ein paar Dörfer weiter, in Castro, behauptet man, der Ankunftsort des Trojaners zu sein. Der Fund einer Statue der Minerva ließ die Diskussion vor einigen Jahren entbrennen.

Wie dem auch sei, der kleine Badeort Porto Badisco lädt zum Verweilen ein. Das liegt nicht nur an der idyllischen Bucht, sondern auch an der Bar Alimentari da Carlo. Einheimische erinnern sich gern an die einfachen Hochzeitsbrötchen von früher. Im Gegensatz zu heute fiel die Feier nach der Vermählung damals eher schlicht aus. Das Brautpaar und seine Gäste trafen sich an dieser Bucht, tranken *vino* und aßen dazu ein *panino*. »Rosette soffiate« heißen die kleinen, runden und knusprigen Brötchen, die mit Mortadella und Käse belegt wurden.

Auch heute noch ist die Bar *der* Treffpunkt schlechthin. In den Morgenstunden gibt es für Frühaufsteher den ersten *caffè*, zur Mittagszeit versorgen die Mitarbeiter hungrige Badefreudige mit Spezialitäten der apulischen Küche, und abends findet hier natürlich der *aperitivo* statt. Dann sitzen viele junge Menschen vor der Bar und auf der kleinen Piazza, trinken das Craftbier der Eigenmarke und lassen sich Teller voller Köstlichkeiten servieren. Im Frühling und Spätsommer gibt es, je nach Fangvorschrift, Seeigel. Es ist faszinierend, den Mitarbeitern zuzusehen, wie sie die stacheligen schwarzen Kugeln öffnen. Einmal gekonnt halbiert, geben sie den orangefarbenen und sternförmig angeordneten Rogen frei. Wonach der schmeckt? Nach Meer!

Adresse SP 87, 73028 Porto Badisco | Anfahrt 12 Kilometer südlich von Otranto, über die SP 87 | Öffnungszeiten im Sommer täglich 8–24 Uhr, im Winter täglich 9–21 Uhr | Tipp Nicht nur eine Location für Hochzeitsfotos! An der Torre Minervino, einem ehemaligen Wachturm an der Küstenstraße SP 358, lassen sich tolle Schnappschüsse machen.

79_Die Kanincheninsel

Natur pur

Bei der Ankunft in Porto Cesareo sieht man sie sofort: die Kanincheninsel. Sie liegt gegenüber der Hafenpromenade. Nur wenige hundert Meter trennen das Festland von der Insel, man soll auch zu ihr schwimmen können – selbstverständlich je nach Gezeitenlage. Doch das im Hafen angepriesene Bootstaxi ist zu jeder Tages- und Jahreszeit eine trockene Alternative für das Übersetzen. Mehrere Unternehmen bieten den individuellen Shuttle gegen Entgelt an. Ein kurzer Plausch mit dem Bootsfahrer, und schon betritt man nach wenigen Minuten Fahrt den Sand der Kanincheninsel. Ob das mit dem Abholen auch so gut funktioniert? Das Boot tuckert Richtung Hafen, der in naher Ferne zu sehen ist, von dannen.

Auf der Isola Grande, wie die doch recht überschaubare Kanincheninsel auch genannt wird, befindet man sich auf einem Fleckchen unberührter Natur. Auf dem südlichen Teil, dem Ankunfts- und Abholort, liegen Sonnenanbeter am Strand auf Badelaken. Forschen Schrittes machen sich die meisten Ankömmlinge aber als Erstes auf zu einer Entdeckungstour.

Durch den Pinienwald führt ein vorgegebener Weg zu der Inselseite, die dem offenen Meer zugewandt ist. Es wird felsiger. Grüne Eidechsen sausen über den steinigen Boden und verstecken sich in den ebenso grünen Sträuchern. Fischreiher stehen im flachen Wasser und lassen sich nicht von den Tagestouristen beirren. Genauso wenig wie die verschiedenen Vögel, die über der Insel fliegen und sich auf den spärlichen Bäumen niederlassen. Für Vogelbeobachter empfiehlt es sich, ein Fernglas mitzunehmen.

Und die Kaninchen? Ja, wo sind denn die Namensgeber der Insel? An dieser Stelle kommt die schlechte Nachricht, welche die von Menschen unbewohnte »Isola dei Conigli« betrifft. In der Vergangenheit wurden hier zwar Hasen gezüchtet, doch nach einer Überschwemmung im November 2018 ward hier kein flauschiges Gehoppel mehr beobachtet.

Adresse Isola dei Conigli, 73010 Porto Cesareo | **Anfahrt** 30 Kilometer westlich von Lecce an der ionischen Küste, über die SP 7, die SP 1190 und die SP 21 | **Öffnungszeiten** ganzjährig bei guten Wetterbedingungen, Sergio vom »Imbarcadero« unter Tel. +39/388/2470848 erreichbar | **Tipp** Für den gewollten Adrenalinkick bietet sich eine Fahrt auf der Kartbahn in Torre Lapillo an (Infos und Öffnungszeiten unter www.pistakart.it).

80 Die Ölmühlen

Aus Oliven wurde Licht

Umringt von schönen Palazzi, beherbergt die Piazza del Popolo außergewöhnliche Orte, die unter der Erde liegen. Über ein verschlossenes Tor geht es mit einem Tourguide über Stufen hinab zu unterirdischen Ölmühlen. Im 17. und 18. Jahrhundert wurde hier jedoch kein schmackhaftes Olivenöl hergestellt, sondern Lampantöl. Es diente wie bereits den Römern in der Antike als Brennstoff für Öllampen.

Im Herbst, zu Beginn der Olivenernte, bildeten sich die *ciurmi*, Gruppen, die aus fünf Männern und zwei Eseln bestanden. Bis März arbeiteten sie Tag und Nacht in Schichten an der Ölproduktion. Die geernteten Oliven wurden durch Schächte auf Straßenniveau in die darunter liegende Grotte gekippt. Hier häuften sich die grünen Früchte in Silos bis zum Mahlen. Während dieses Prozesses brachte das Zugtier den Mahlstein in Gang, und die Oliven wurden zu Brei. Mit dieser Olivenpaste wurden im zweiten Schritt die *fisculi*, geflochtene Pflanzenfaserfilter, gefüllt, bevor man sie stapelte und mit Hilfe einer Presse zusammendrückte. Die Flüssigkeit lief heraus, wurde aufgefangen und dekantiert – das Öl trennte sich vom Vegetationswasser. Es war leichter und schwamm an die Oberfläche. Das Endprodukt, *olio lampante*, wurde sonntags von Presicce nach Gallipoli transportiert, von wo aus es in Städte wie London, Paris und Wien verschifft wurde. Denn es war wegen seines hohen Säuregehalts sehr gefragt. Es roch nicht so streng und bildete weniger Rauch als Lampantöl aus anderen Mittelmeergebieten.

Doch warum fand die Produktion unter der Erde statt? Weil sich dort die milden Temperaturen bei circa 17 Grad konstant hielten, was wiederum eine ausgedehnte Reifezeit der Oliven ermöglichte, durch die der Säuregehalt des Öls stieg. Presicce konnte 23 dieser Ölmühlen vorweisen, heute werden sie nur noch besichtigt. Die Olivenöl-Produktion findet überirdisch statt.

Adresse Piazza Giuseppe Villani, 73054 Presicce | Anfahrt 33 Kilometer südöstlich von Gallipoli, über die SS 274 | Öffnungszeiten Infopoint der Gemeinde: im Winter täglich 10–12 und 15–17 Uhr, im Sommer täglich 10–12 und 18–21 Uhr, Führungen nach Anmeldung unter Tel. +39/340/6506421 | Tipp Von Juni bis September kann im Kastell von Acquarica del Capo das Museo del Giunco besucht werden. Das Handwerk des Schilfwebens ist hier seit dem Jahr 1879 verbreitet. Ausgestellt werden verschiedene Gegenstände, von Körben aller Art bis zu Krippen (Piazza San Carlo 11, täglich 18–21 Uhr).

81 Der Zitrusgarten

Versteckte Zitronen haben die beste Aussicht

Michele Ricucci fährt sicher durch die engen, steilen Straßen seines Heimatdorfes. Ziel der Fahrt ist sein Zitrusgarten. Kurve um Kurve sind links und rechts nur Olivenbäume zu sehen. Das soll so sein, erklärt Michele. Sie haben die wichtige Aufgabe, die Orangen- und Zitronenbäume vor dem Küstenwind zu schützen.

Im Frühjahr werden die gelben und orangen Spezialitäten des Gargano geerntet. Bäumchen voller Orangen und Zitronen versperren den Blick auf das Bed and Breakfast, das in den Sommermonaten Gäste empfängt. Dann hängen keine Früchte mehr an den Bäumen. Sie wurden vorher alle gepflückt, exportiert oder zu Marmelade verarbeitet. Doch der spektakuläre Blick auf die Adria und die Tremiti-Inseln entschädigt für ihre Abwesenheit.

Die Familie Ricucci baut seit 1850 und aktuell in fünfter Generation Orangen an. Michele ist für die Qualität und die Ernte der Zitrusfrüchte zuständig und erklärt voller Stolz, dass seine Familie bereits Orangen nach Amerika exportiert habe. Alle seine Früchte werden biologisch angebaut und erhalten vor dem Verkauf die Qualitätssiegel IGP, Bio und Slow Food. Die Zitronen und Orangen werden im Gebiet zwischen den Ortschaften Rodi Garganico, Vico del Gargano und Ischitella gepflanzt. Damit ist der Gargano die einzige adriatische Region Italiens, in der Zitrusfrüchte kultiviert werden.

Besonders mit einer Zitrusfrucht identifiziert sich der nördliche Teil des wilden Sporns Apuliens: mit der ältesten Zitronenart Italiens, die »Femminello del Gargano« genannt wird. Die besondere Intensität der ätherischen Öle in der dünnen Schale macht sie einzigartig. Michele kratzt demonstrativ an einer Zitrone. Der Duft löst sofort einen Ohrwurm aus: »Zwei Slices Femminello in mein' Limoncello …« Und was, wenn man weiter gehen würde als die Sängerin Nina Chuba? Könnte man nicht selbst Limoncello aus Femminello-Zitronen machen? Da hilft nur eines: ausprobieren!

Adresse Agricola Ricucci, Contrada Santa Lucia, 71012 Rodi Garganico, www.agricolaricucci.it | Anfahrt an der nördlichen Küste des Gargano, 40 Kilometer nordwestlich von Vieste, über die SS 89 | Öffnungszeiten nach Absprache und Anmeldung bei Michele unter Tel. +39/349/3710833 | Tipp Einfach nur aufs Meer schauen. Das geht am besten auf den Parkbänken entlang der Promenade zwischen Rodi Garganico und San Menaio.

82 Die Tamburello-Werkstatt

Ohne Tamburin kein Fest

Ob er denn in seiner Werkstatt anzutreffen sei? »*Sì*, wenn die Tür auf ist, bin ich da.« Nur im August, da sei es fast unmöglich, ihn zu erwischen. Rocco Luca ist Tamburinspieler und im Sommer auf den Bühnen Apuliens gefragt. Seit 2004 baut er seine Instrumente selbst. Nur die Holzringe aus Buchen- oder Olivenholz stammen von einer Tischlerei.

Genauso energisch wie Rocco Luca am Telefon klingt, ist er auch. Auf seiner Werkbank liegt eine Tackerpistole. Ununterbrochen schießt er Klammern in den Holzring. So straff wie möglich muss das Fell darübergespannt werden, damit ein kräftiger Klang entsteht, der von den seitlich angebrachten Schellen begleitet wird.

Das Tamburin ist ein wesentlicher Teil der Dorffeierlichkeiten im Salento. Besondere Bedeutung erhält es in Torrepaduli beim Fest des heiligen Rocco. Denn dieser Heilige soll sich vehement dafür eingesetzt haben, in Torrepaduli zu bleiben. Während der Prozession, die seinen Umzug beschließen sollte, wurde die Statue des Heiligen so schwer, dass ein Fortschreiten Richtung Ruffano unmöglich wurde. Erst auf dem Weg zurück nach Torrepaduli wurde die Figur wieder tragbar. So die Legende.

Hier ist es Tradition, in der Nacht vom 15. auf den 16. August gemeinsam zu musizieren. Flashmob-artig gruppieren sich Musiker und Tänzer in sogenannten *ronde*. Die *danza delle spade*, ein der Capoeira ähnelnder Tanz, simuliert ein Duell zwischen Männern und wird von Tamburinen, Kastagnetten, Violinen und Akkordeon begleitet. Erst beim Morgengrauen löst der kirchliche den musikalischen Teil des Festes ab. In der Kirche und auf dem Vorplatz lauschen die Gläubigen dann den Worten des Pfarrers, bis es Zeit wird, die *zagarèddhe* zu besorgen. Nach der Segnung dieser farbenfrohen Bänder durch Berührung mit der Heiligenfigur sollen diese die Menschen beschützen. Sie zieren nicht selten die Rückspiegel im Auto – oder einen Tamburello von Rocco.

Adresse Via Rocco Scotellaro, 73040 Ruffano-Torrepaduli | Anfahrt 33 Kilometer östlich von Gallipoli, über die SS 274, Ausfahrt Ugento nehmen und weiter auf der SP 66 Richtung Taurisano, dann weiter auf der SP 176 | Öffnungszeiten Mo – Fr 9 – 13 und 15 – 19 Uhr, Rocco Luca unter Tel. +39/338/1338353 erreichbar | Tipp Ein Besuch des Santuario di San Rocco, der Kirche am Largo San Rocco, gehört zu einem Besuch von Torrepaduli wie das Tamburin zu einem Dorffest.

83 Die Eisdiele Mokambo

Das teuerste Eis Apuliens

Vincenzo Paparella stammt aus Ruvo di Puglia und emigrierte – wie so viele junge Menschen aus dem Süden – berufsbedingt in den Norden. Als er jedoch im Jahr 2015 Rezepte von seinem Großvater Vincenzo und dem Konditor Luigi Marseglia, seinem Großonkel, findet, hegt er den Wunsch, in die Heimat zurückzukehren und die Eisdiele Mokambo wiederzueröffnen.

Denn Vincenzo senior machte zwischen 1967 und 1998 Eis, und zwar das leckerste in Ruvo. Doch man muss noch weiter in die Vergangenheit zurückreisen, um die Geschichte zu verstehen. 1840 verlieh der König beider Sizilien, Ferdinand II., seiner Lieblingseissorte in Neapel eine Auszeichnung. Ab diesem Zeitpunkt hieß die mit Gewürzen abgeschmeckte Vanillekugel »Crema del Re«, Königscreme. Luigi spickte im Café Gambrinus in Neapel auf die Notizzettel seines Vorgesetzten und lernte so die Zubereitung des königlichen Eises. Die Liebe führte ihn schließlich nach Ruvo, wo er unter anderem ein Café eröffnete. Für dieses Unternehmen brauchte es einen Erben, und da Luigi und seine Frau keine Kinder hatten, fielen die Verantwortung und das Rezept in Opa Vincenzos Hände.

Nach 18 Jahren ohne hausgemachtes Speiseeis erkannte Giuliana, die Schwester von Vincenzo, was sich die Familie und die Bewohner des Ortes schon lange wünschten: das Eis von *nonno* Vincenzo. Es gibt nur acht Sorten, die ausschließlich mit ausgezeichneten Rohstoffen und ohne Zusatzstoffe wie etwa Milchpulver hergestellt werden. Stattdessen verwenden die Geschwister beste Milch von Kühen aus Altamura. Für das Schokoladeneis werden Kakaobohnen gemahlen.

Aufsehen erregt das Eis »Scettro del Re«. Dieses exklusive essbare »Königszepter« ist nur auf Anfrage und für mindestens zwei Portionen zu haben. Iranischer Safran und 24-Karat-Blattgold veredeln die Eiskugel. Ein kulinarisches Erlebnis dieses Kalibers hat natürlich einen stolzen Preis: 70 Euro pro Portion.

Adresse Via Nello Rosselli 29, 70037 Ruvo di Puglia, Tel. +39/345/6040984 | **Anfahrt** 37 Kilometer nördlich von Bari, über die SS 96 und die SP 231 | **Öffnungszeiten** im Sommer täglich 10.30–13.30 und 16.30–23.30 Uhr, im Winter veränderte Uhrzeiten und Do geschlossen | **Tipp** Im Museo Nazionale Jatta an der Piazza Bovio 35 kann die archäologische Sammlung der Familie Jatta bewundert werden. Gegenstände und Figuren aus Keramik sowie das Originalmobiliar der Familie machen die permanente Ausstellung des Palazzos aus (www.palazzojatta.org).

84 Der Strand von Pescoluse

Baden wie auf den Malediven

Auf der ionischen Seite des Stiefelabsatzes lassen sich von Santa Maria di Leuca bis Gallipoli herrliche Strandabschnitte entdecken. Diese sind selbst bei Bewohnern der adriatischen Küste sehr beliebt, obwohl auch die östliche Küste des Salento nördlich von Otranto familienfreundliche und attraktive Badeorte zu bieten hat.

»Salve a tutti!« Mit diesem Wortspiel wird man in der Gemeinde Salve begrüßt. Das Meer ist schon mal in Sicht. Nun ist es nicht mehr weit bis zu den »Maldive del Salento«. Kilometerlanger, feiner weißer Sandstrand und kristallklares Wasser haben diesem Küstenabschnitt seinen Namen gegeben. Eine Landschaftsbeschreibung, die an die tropischen Inseln im Indischen Ozean denken lässt. Nur die Palmen am Strand fehlen.

Vom Parkplatz aus geht es – ausgerüstet mit dem Equipment für den Strandtag – über die Dünen in Richtung Meer. Der warme Sand berührt die Waden, und Schritt für Schritt nähert man sich auf dem nachgebenden Boden dem Ziel: einem gemütlichen Plätzchen mit Meerblick. Entweder macht man es sich auf dem eigenen Badelaken bequem, oder man mietet eine Sonnenliege. Dank des flachen Wassers können hier Groß und Klein unbesorgt planschen. Besonders beliebt ist das Sitzen direkt am beziehungsweise im Wasser. Die sanften Wellen schwappen auf den Unterkörper und bringen die ersehnte Abkühlung.

Für Speis und Trank ist natürlich auch gesorgt. Am Kiosk gibt es kalte Getränke, Snacks und warme Gerichte, oder man macht es wie die Italiener und packt ab 12 Uhr langsam die Kühltasche aus. Dann bietet sich aber auch eine einmalige Gelegenheit: Badenixen und Hobbyschnorchler, die noch nicht hungrig sind, können sich nun ganz entspannt in Richtung Meer begeben, denn die Einheimischen befolgen eine strikte Regel, die die Kinder jede Saison aufs Neue empört: Die Siesta geht mit einem Badeverbot für mindestens zwei Stunden einher, während der das Mittagessen verdaut wird.

Adresse Corso Leuca/SP 91, 73050 Salve | Anfahrt 42 Kilometer südlich von Gallipoli, über die SS 274 und die SP 339 | Öffnungszeiten während der Badesaison täglich 8–21 Uhr | Tipp Doch lieber Felsen gefällig? Dann fahren Sie über die SP 91 und die SP 88 weiter bis zur Baia dei Diavoli.

85__Der Agrarpark

Kunst auf Zeit

Der Olivenhain »Parco dei Paduli« befindet sich auf dem Gebiet der ehemaligen grünen Lunge des Salento, des Bosco Belvedere. Das 5.500 Hektar große Areal wurde bis zum Ende des 19. Jahrhunderts gerodet, sodass die Größe des einstigen Waldes heute nur noch anhand von einzelnen Bäumen, Schilfgebieten und kleinen Seen erahnt werden kann. Bis vor einigen Jahren war die »Eiche der 100 Schafe« noch ein solches Zeugnis. Ihre Baumkrone bot mehr als 100 Tieren Schutz vor Sonne und Regen. Ihre jahrhundertealten Wurzeln hielten einem starken Sturm am Ende aber nicht mehr stand.

Seit sich im Jahr 2011 mehrere Gemeinden und Vereine zu einer Initiative zusammenschlossen, finden auf den 3.000 Quadratmetern des Parks Veranstaltungen, Workshops, Fahrradtouren und Rundgänge statt. Das Erleben unberührter Natur soll gefördert und die Aufwertung des ländlichen Gebietes angestrebt werden.

Im Parco Paduli sind Land-Art-Objekte zu sehen, deren Lebensdauer von der Natur vorgegeben wird. Sie alle bestehen aus biologisch abbaubaren Materialien wie Zweigen, Wurzeln und Blättern. Kunstwerke entstehen, vergehen und machen Platz für neue. Die »Nester« des vorigen Projekts sind nicht mehr da, dafür kann die »Grüne Kathedrale« des argentinischen Künstlers Óscar Domínguez betreten werden. Sie entstand im Rahmen eines Workshops und soll allen Bewohnern des Parks Unterschlupf bieten: Vögeln, Pflanzen, Zwei- und Vierbeinern.

Eine Übernachtungsmöglichkeit stellt die *caseddha* dar. Es handelt sich dabei um ein typisches ländliches Gebäude. Früher stellten die Bauern darin ihre Arbeitsutensilien unter, nun kann man dort schlafen, duschen und kochen. Betrieben wird das Häuschen ausschließlich mit erneuerbarer Energie. Zwischen den Blättern der Olivenbäume in den Himmel gucken, dem Gesang der Zikaden lauschen und einfach sein. Das kann man hier, umgeben von der unberührten Natur des Salento, am besten.

Adresse Strada Vicinale Le Rene, 73020 San Cassiano | Anfahrt 40 Kilometer südlich von Lecce, über die SS 16 bis Maglie fahren, dann weiter auf der SS 275 Richtung Leuca | Öffnungszeiten Besichtigung des Parks jederzeit möglich, Infos und Buchung unter Tel. +39/377/5341053 | Tipp Süße Gelüste? Die werden in der Pasticceria Catamo das ganze Jahr über gestillt. Einmal im Jahr, am 8. August, findet in San Cassiano die »Festa de U Cannuzzutu« statt – das Fest der Leckermäuler.

86 Der Lieblingsheilige

Padre Pios letzte Ruhestätte

Sicher haben Sie Padre Pio schon einmal irgendwo gesehen. Als Statue empfängt er die Besucher selbst kleinster süditalienischer Dörfer. Sein Abbild ziert Windschutzscheiben, und auch hinter dem Tresen der Bar Ihres Vertrauens hängt mit hoher Wahrscheinlichkeit ein Bildchen des beliebten Mönchs.

Francesco Forgione wurde 1887 in Pietrelcina in Kampanien geboren. Als Kapuzinermönch mit dem Namen Padre Pio kam er an einem heißen Sommertag im Jahr 1916 in San Giovanni Rotondo an. Ab dem 20. September 1918 war in diesem Dorf nichts mehr wie früher. Es sprach sich herum, dass Padre Pio blutige Stellen am Körper hatte, die als Wundmale Christi interpretiert wurden. Von nun an verließ er das Kloster nur noch in Begleitung, denn auch internationale Medien hatten begonnen, über ihn zu schreiben, und Ärzte wurden dazu aufgerufen, die Wundmale zu untersuchen.

Trotz der umstrittenen Auslegung der Stigmata des Paters hält der Kult um ihn seit den 1920er Jahren an. Papst Johannes Paul II. sprach Padre Pio 1999 selig und drei Jahre später heilig. Es verwundert also nicht, dass die Kirche Santa Maria delle Grazie, in der Padre Pio Messen abhielt, bald für die vielen Besucher und Anhänger zu klein wurde. Die »neue Kirche«, wie sie von allen genannt wird, wurde vom Star-Architekten Renzo Piano entworfen. Seit 2004 empfängt sie jährlich Millionen Gläubige. Allein auf dem Vorplatz finden bis zu 30.000 Menschen Platz. Das Innere bietet Raum für weitere 6.500 Kirchenbesucher.

Nichts für schwache Nerven ist die Krypta. Hier liegt seit 2008 als Reliquie hinter Glas der Körper des Paters. Kleiner Tipp: Stellen Sie sich vor, Sie sind bei Madame Tussauds – denn der größte Teil des scheinbar unversehrten Leichnams des Heiligen ist eine Silikonrekonstruktion. Diese befindet sich nur in den Sommermonaten in der Krypta. Im Herbst ziehen die Überreste zurück in die Kirche Santa Maria delle Grazie.

Adresse Piazzale Santa Maria delle Grazie, 71013 San Giovanni Rotondo | Anfahrt 44 Kilometer nördlich von Foggia, über die SS 89 und die SS 45bis | Öffnungszeiten täglich 7–17.30 Uhr | Tipp Am Fuß des Berges Monte Castellano wurde ein Kreuzweg errichtet, der von Besuchern und Pilgern begangen werden kann. Der monumentale Treppenaufgang führt vom Viale Padre Pio durch den Wald zu einer Bronzestatue, die den auferstandenen Christus darstellt.

87__Das Schwimmbad

Das stinkt!

Das kleine Dorf an der adriatischen Küste wird fast ganzjährig aufgesucht. Hier dauert die Saison länger als an anderen apulischen Badeorten. Das hat die Gemeinde den Thermalquellen zu verdanken. Entlang der Felsküste sprudelt aus vier verschiedenen Grotten schwefelhaltiges Wasser. »Fetida«, »Gattulla«, »Sulfurea« und »Zolfatara« heißen die zum Teil begehbaren Höhlen, die unter der Ortschaft liegen. Das Wasser ist dort an der Oberfläche 22 bis 33 Grad warm und wird in der Thermalanlage für Kuren eingesetzt.

Von den Liegen des Schwimmbads aus sieht man bis zum Horizont nur die Adria. Bevor es die Stufen Richtung Schwimmbecken hinuntergeht, muss die Badekappe aufgesetzt und der Schmuck abgenommen werden. Punkt eins ist Pflicht, Punkt zwei der gut gemeinte Rat eines Rettungsschwimmers. Das für Haut und Knochen wohltuende Wasser hat nämlich zwei Nachteile: Es riecht nach faulen Eiern und lässt Silberschmuck schwarz anlaufen. Für beides ist der Schwefel verantwortlich.

Das milchige Wasser des Schwimmbades ist warm, fast zu warm an einem Sommertag, an dem die obligatorische Dusche vor und nach dem Baden die gewünschte Abkühlung bietet. Auch der Zugang zum Meer kann genutzt werden, er ist aber umständlicher. Das fanden auch die amerikanischen Soldaten der 15th Air Force, die aus diesem Grund innerhalb von nur einem Monat im Jahr 1945 das Freiluftschwimmbad über den Felsen erbaut haben.

In einen Stein am Beckenrand wurden diese Informationen eingraviert. Wenn man an dieser Stelle steht und beobachtet, wie die Schwimmer unter einem im Meer in der Grotte verschwinden, kann man gar nicht anders, als die Treppen doch hinunterzusteigen. Auf den Felsen angekommen, heißt es nun: ins Wasser springen und der Statue der Madonna in der Grotte einen kurzen Besuch abstatten. Ob die Soldaten jemals erfahren haben, was ihnen entgangen ist?

Adresse Viale Terme, 73020 Santa Cesarea Terme, www.termesantacesarea.it | Anfahrt 17 Kilometer südlich von Otranto, über die SP 87 und die SP 358 | Öffnungszeiten 1. Mai – 30. Sept., in der Hochsaison 9 – 19 Uhr | Tipp Von der Terrasse des Hotels Est in der Via Pola 16/A kann man bei einem kühlen Getränk das Panorama der Adriaküste genießen.

88 Der Apulische Aquädukt

Wasserfall ohne Wasser

Die Leitung des Acquedotto Pugliese versorgt ganz Apulien mit Wasser, und zwar seit dem Jahr 1939. Bereits in der zweiten Hälfte des 19. Jahrhunderts machte es sich der Ingenieur Camillo Rosalba aus Salerno zur Aufgabe, diesen an Trinkwasser armen Teil Italiens mit einem Wasserverteilungssystem auszustatten. Er konzipierte einen Entwurf für den »Apulischen Aquädukt«. Wurde die Idee eines »Wassertunnels« von Kampanien nach Apulien 1868 in Foggia noch abgelehnt, erreichte das Wasser aus Quellen der Heimatregion von Camillo Rosalba im Lauf der ersten Jahrzehnte des 20. Jahrhunderts endlich die apulischen Städte Bari und Brindisi. Unterbrochen durch den Ersten Weltkrieg, setzte sich der Ausbau der Wasserleitungen in den 1920er Jahren fort und wurde am südlichsten Punkt Apuliens, in Santa Maria di Leuca, mit dem Bau eines imposanten Wasserfalls abgeschlossen. Vier Millionen Einwohner und 300 Gemeinden werden seitdem durch dieses System mit Trinkwasser versorgt.

300 Stufen führen seitlich des Wasserfalls hinauf und hinunter. Sie verbinden die Wallfahrtskirche Santa Maria de Finibus Terrae mit dem unteren Teil der Ortschaft. Vom Hafen aus blickt man auf den 120 Meter hohen steinernen und trockenen Hang. Paradox: Wasser wurde in diesem Wasserfall schon lange nicht mehr gesehen. Seit 2015 wird das südliche Ende des Aquädukts, die Zone zwischen der römischen Säule und der Kirche, in den Abendstunden beleuchtet. Das mit Musik und Licht kombinierte Wasserspiel fand bisher jedoch selten statt. Trotz Ankündigungen der Gemeinde, den Wasserfall in den Sommermonaten zu präsentieren, erreichte in den letzten Jahren aufgrund technischer Probleme kein Tropfen den Hang. Doch der Ausblick von den Stufen entlang der Konstruktion des Acquedotto Pugliese auf die südlichste Spitze des Stiefelabsatzes benötigt weder dekoratives Sprudeln noch Hintergrundmusik.

Adresse Via Doppia Croce, 73040 Santa Maria di Leuca | Anfahrt 45 Kilometer südlich von Gallipoli, über die SS 274 | Tipp Der Leuchtturm und die Wallfahrtskirche auf der Piazza Giovanni XXIII sollten schon allein wegen des Ausblicks besucht werden.

89 Das Museum Leukòs

Von Muscheln und Korallen

Auf dem felsigen Meeresboden sind am Stiefelabsatz Italiens unter anderem Seeigel und Seesterne zu entdecken. An den Sandstränden versuchen mit Käschern ausgestattete Kinder, die flinken silbergrauen Fische im flachen Wasser einzufangen, und Muschelsammler werden entlang der Küste Apuliens ebenfalls fündig. Auch Antonio Plati hegt eine Leidenschaft für alles, was sich unter der Wasseroberfläche tummelt. Seine private Sammlung präsentiert er im Museum Leukòs.

In zwei thematisch getrennten Räumen kann man hier mehr über das Meer erfahren. Kleine und große, runde und spitze, bunte und weiße Ausstellungsstücke aus den verschiedenen Weltmeeren sind hier ausgestellt. Im ersten Raum sind Behausungen von Einsiedlerkrebsen, Herzmuscheln und Perlmuscheln zu sehen, deren Perlmutt herrlich verlockend schimmert. Tatsächlich dienen nicht nur die Perlen einer Muschel als kostbarer Schmuck. Auch die mehrschichtige Oberfläche von bestimmten Schalentieren eignet sich zur Herstellung von Kameen. In die zweifarbige Muschelschale können Bilder eingraviert werden, die anschließend in Form von Broschen, Ringen oder Kettenanhängern getragen werden.

Platis Sammlung widmet sich im zweiten Raum einer weiteren Behausung von Meeresbewohnern. Zwischen roten Korallen, Schwämmen und einem Exemplar der raren rosa Engelshautkoralle, deren Farbe so zart ist, wie ihr Name vermuten lässt, befindet sich sein ganzer Stolz: ein weißer Korallenzweig der *Lophelia pertusa*. Es handelt sich dabei um einen Zufallsfund aus dem Jahr 2009. Fischer fanden diese Koralle in ihren Netzen, woraufhin die Universität Bari Untersuchungen veranlasste. Im offenen Meer vor Santa Maria di Leuca, in 500 bis 1.500 Meter Tiefe, erstreckt sich das größte lebende Weißkorallenriff des Mittelmeeres, das von Wissenschaftlern weiterhin erforscht und durch ein Fischfangverbot geschützt wird.

Adresse Via Leonardo da Vinci 33, 73040 Santa Maria di Leuca | Anfahrt 80 Kilometer südlich von Lecce, über die SS 16 bis Melpignano fahren, dann den Schildern Richtung Santa Maria di Leuca folgen | Öffnungszeiten im Winter täglich 9–13 und 16–19 Uhr, im Sommer täglich 9–13 und 15–22 Uhr; Organisation des Einlasses durch »Pro Loco Leuca«, Tel. +39/347/4043738 | Tipp Verlässt man Santa Maria di Leuca über die SP 214 Richtung Punta Ristola, überquert man eine Brücke, die »Lo Scalo di Leuca« genannt wird. Darunter tummeln sich Badefreudige. Eine Bar sorgt für Getränke und kleine Snacks.

90_Die Punta Ristola

Der Stiefelabsatz ist jetzt etwas kürzer

Die geografische Form Italiens hilft bei der Orientierung. Auf die Frage »Wo liegt Apulien?« hört man nicht selten die Antwort: »Der Absatz, das ist Apulien!«

Am südlichsten Punkt dieses Stiefelabsatzes liegt der kleine Hafenort Santa Maria di Leuca. Er ist bekannt für seine farbenfrohen Villen und für die Punta Ristola. Ähnlich wie an Dänemarks nördlichster Spitze, wo sich die Meere Skagerrak und Kattegat treffen, kann in Apulien die Stelle besucht werden, an der sich das Ionische und das Adriatische Meer vereinen.

Um dorthin zu gelangen, verlässt man das Zentrum von Santa Maria di Leuca am besten mit dem Auto oder mit dem Fahrrad. Zu Fuß ist es ein ambitionierter Spaziergang an der Uferpromenade entlang. An den zahlreichen Badestellen auf dem Weg kann dabei ein erfrischender Halt eingelegt werden. Die im Wind wehende italienische Fahne markiert das schroffe Gelände der südlichsten Spitze Apuliens. Von Juni bis September wird hier die italienische Trikolore samstags zum Sonnenuntergang eingeholt und sonntags um acht Uhr morgens wieder gehisst. Aber auch die Fahne konnte einen maritimen Zwischenfall nicht verhindern. Aufmerksame Fischer beobachteten, wie ein Segelschiff mit dem berühmten Felsen kollidierte. Die Kraft der Wellen führte dazu, dass ein Teil des schroffen Riffs nach diesem Unfall abbrach.

Alle, die schon einmal hochhackige Schuhe getragen haben, können nachvollziehen, wie ärgerlich ein abgebrochener Stiefelabsatz ist. Gut, dass in Santa Maria di Leuca die Felsformation am »Ende Italiens« nur einen Meter verloren hat. Schaulustige können weiterhin auf dem unebenen grauen Küstenabschnitt spazieren und sich gedanklich auf der Landkarte Italiens verorten.

Übrigens: Wer bei der Konversation mit den Einheimischen glänzen will, der betont den Namen dieses Ortes auf dem i: Punta Rìstola – so hört man es in Leuca besonders gern.

Adresse Via Gioacchino Toma 50, 73040 Santa Maria di Leuca | Anfahrt 50 Kilometer südöstlich von Gallipoli, über die SS 274 bis Patù fahren, dann den Schildern nach Santa Maria di Leuca folgen | Tipp Rund um den Hafen lassen sich viele Anbieter ausmachen, die Bootstouren zu faszinierenden Grotten und der Punta Ristola anbieten. Vom Meer aus ist Santa Maria di Leuca ebenfalls eine Schönheit.

91 Das Museum der Luminarie

Lichter in der Luft

Kleine Lastwagen fahren zur Piazza, hier wird entladen. Die meisten der Männer, die auf Leitern stehen und weiße Holzbalken positionieren, tragen kurze Hosen, helle T-Shirts und einen Helm. Unzählige dieser Balken und Bögen schmücken während der Feiertage die Zentren süditalienischer Dörfer und Städte. Aber sie sind nicht die ganze Dekoration, sondern bilden nur das Gerüst für Abertausende kleine bunte Lämpchen, die den Nachthimmel anlässlich der Feierlichkeiten beleuchten. Rund um die Piazza entsteht in einigen Metern Höhe ein Lichterzaun und auf den zur Piazza führenden Straßen ein beleuchteter Tunnel. *Lumini in aria* – Lichter in der Luft. Wie Edelsteine zieren sie den Nachthimmel.

Der Legende nach soll es die heilige Domenica gewesen sein, die diese Tradition begründet hat. Im Jahr 1600 erschien einer Frau aus Scorrano während einer Pestepidemie die Märtyrerin aus Kalabrien. Sie versprach Genesung für die Kranken. Als Zeichen des erfolgten Wunders sollten die Dorfbewohner ein Licht in ihr Fenster stellen. Ganz Scorrano leuchtete hell auf, und Domenica wurde zur Schutzpatronin.

Die Geschichte dieses Brauchs und des Lichterschmucks wird im Museum dargestellt. Die Ausstellungsstücke reichen von den ursprünglichen Öllampen, die an die hölzernen Bögen gehängt wurden, über Koffer, in denen in Stroh gebettete Glühbirnen transportiert wurden, bis zu den heutigen Luminarie. Seit einigen Jahren sind Mini-Luminarie sehr gefragt. Aus Nostalgie oder als schickes Designobjekt zieren die typischen Lämpchen in dieser Variante auch Wohnzimmerwände oder Nachttische.

Jedes Jahr beginnt der Wettkampf zwischen den 18 Herstellern Apuliens aufs Neue. Es geht darum, die spektakulärste Installation für das Fest der Feste bereitzustellen. Besonders beeindruckend ist der choreografierte Tanz der Lichter zu ausgewählter Musik.

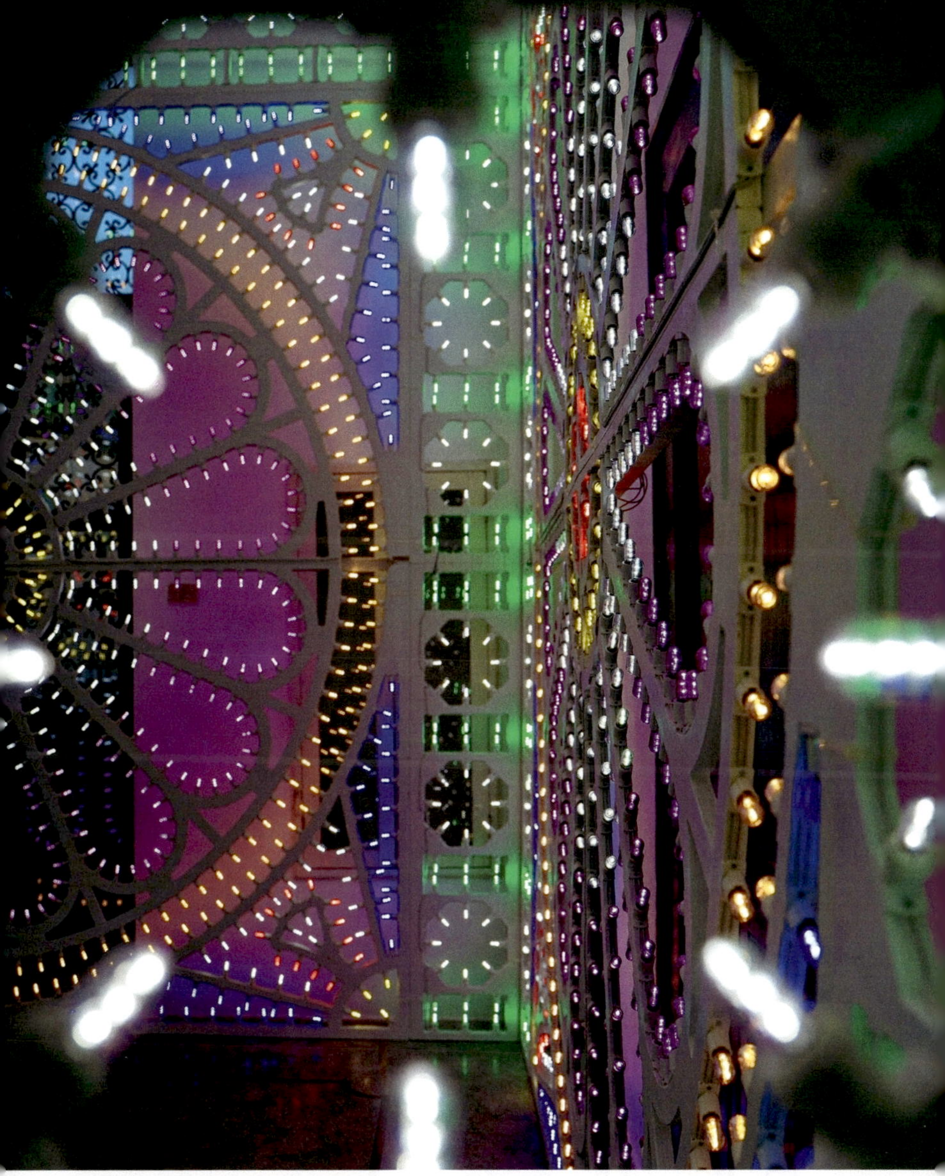

Adresse Piazza Vittorio Emanuele 13, 73020 Scorrano | Anfahrt 20 Kilometer westlich von Otranto, auf der SS 16 bis Maglie fahren, weiter auf der SS 275 Richtung Santa Maria di Leuca, Ausfahrt Scorrano nehmen | Öffnungszeiten Besichtigung nach Anmeldung unter Tel. +39/320/2106341; Fest 5.–9. Juli | Tipp In der Chiesa Madre di Santa Domenica in der Via Chiarello 25 befindet sich die Statue der Schutzheiligen, die bei der Prozession im Juli durch das Dorf getragen wird.

92 Der Glockenturm

Von Hexen und Dämonen erschaffen

Der quadratische Glockenturm im Zentrum kann als Wahrzeichen Soletos angesehen werden. Er ist 45 Meter hoch, in 5 Stockwerke unterteilt und wurde im Auftrag des Grafen von Soleto und Prinzen von Tarent Raimondello Orsini del Balzo erbaut. So die offizielle Entstehungsgeschichte.

Doch dann gibt es da noch folgende Legende: An einem ganz normalen Tag des Jahres 1397 lag abends über dem Ort im Salento eine angespannte, mysteriöse Stimmung. Die Holztüren wurden eine nach der anderen von innen verriegelt, niemand traute sich, aus dem Fenster in Richtung Kirche zu schauen. Nur ein sehr neugieriger und mutiger Junge ignorierte die Ermahnungen der Eltern und betrachtete das Treiben in der mondlosen Nacht.

Undefinierbare Gestalten wirbelten in die Höhe und transportierten dabei Steine und Säulen. Der Junge war sich sicher: Teufel waren hier am Werk und errichteten in seinem Dorf einen Turm. Kaum hatte er diese Vermutung formuliert, bemerkte er schmalere Figuren, die noch schneller um den Turm flogen und sich köstlich zu amüsieren schienen. Stofffetzen hingen an ihren Körpern, und schrilles Lachen begleitete ihre Bewegungen. Ja, es mussten Hexen sein. Es stimmte also doch! Die Ältesten des Dorfes berichteten oft von den *macàri*, den Zauberern von Soleto. Insbesondere ein gewisser Matteo Tafuri kam in den Geschichten vor. Man sagte dem Alchimisten und Philosophen nach, Macht über die Dämonen zu haben.

Ob in Tafuris Auftrag oder nicht: Bei Sonnenaufgang stellte der Junge fest, dass die bösen Geister alle vor dem Morgenlicht geflohen waren und einen wunderschönen Glockenturm hinterlassen hatten. Vier Dämonen schafften es jedoch nicht, sich vor Tagesanbruch in Sicherheit zu bringen, und versteinerten zeitgleich mit dem Krähen eines Hahnes an den vier Ecken des Turmes. So will es die Legende um die Entstehung der »Guglia degli Orsini del Balzo«.

Adresse Viale Raimondello Orsini, 73010 Soleto | Anfahrt 22 Kilometer südlich von Lecce, über die SS 16, Ausfahrt Sternatia nehmen und auf der SP 31 weiterfahren | Tipp Auch die Basilica di Santa Caterina d'Alessandria im Nachbarort Galatina ließ Raimondello Orsini del Balzo erbauen und anschließend von lokalen Künstlern freskieren. Die Bilder gefielen seiner Gemahlin Maria d'Enghien wohl nicht, denn die Innenwände wurden kurz darauf von verschiedenen Künstlern übermalt. Das Ergebnis beeindruckt bis heute.

93 Die Bottega Cazzato

Deko-Filter

Seit 1890 werden in der Werkstatt der Familie Cazzato *fisculi*, Filter für die Gewinnung von Olivenöl, produziert. Aus Naturmaterialien wie Kokosfasern und Rattan webt man dabei zwei Scheiben, die mittig ein Loch haben und seitlich aneinandergenäht werden. In Ölmühlen füllt man sie mit Olivenpaste, presst diese zusammen – und schon rinnt das Öl durch ihre Fasern. Uropa Santo begann mit der Herstellung der Filter, und der fast 90-jährige Vater Antonio unterstützt seinen Sohn Adolfo noch immer tatkräftig.

Doch heute sind die Hauptabnehmer nicht mehr die Ölmühlen aus der Gegend, sondern Gastronomen, Privatpersonen und Filmstars. Durch das Olivenbaumsterben infolge der Xylella-Epidemie verkauft Familie Cazzato nur noch einen Bruchteil an Ölfiltern. Zu wenige Firmen lassen das »grüne Gold« weiterhin durch die *fisculi* pressen. Früher stapelten sich in der Werkstatt die großen, runden Filterscheiben, heute hängen an den Wänden neben den Familienfotos die neuen Kreationen.

Nach einer Idee von Adolfo wurden die Filter zu Wohnaccessoires umfunktioniert und sind fernab ihres ehemaligen Einsatzbereichs sehr gefragt. Teppiche, Untersetzer und Körbe werden weiterhin per Hand mit Hilfe von Werkzeugen, die sich über die Jahrzehnte bewährt haben, gefertigt. Waren die Filter früher einfarbig braun, sind die gewebten Artikel heute durch den Einsatz verschiedener Materialien bunt.

Natürlich lassen es sich die Familienmitglieder nicht nehmen, die Bedienung der exotisch anmutenden Geräte vorzuführen. Selbst der jüngste, Antonio junior, erklärte schon einer britischen Oscar-Preisträgerin, wie ein *fisculo* entsteht. Helen Mirren und ihr Mann, der Filmregisseur Taylor Hackford, sind oft im Salento anzutreffen. Im Dorf Tiggiano haben sie eine *masseria* gekauft und setzen sich engagiert für die Belange ihrer zweiten Heimat ein. Kein Wunder also, dass Mirren auch in der Bottega Cazzato vorbeischaut.

Adresse Via Armando Diaz 28, 73040 Specchia | **Anfahrt** 52 Kilometer südlich von Lecce, über die SS 16 und die SS 275 | **Öffnungszeiten** nach Vereinbarung unter Tel. +39/320/5707848 | **Tipp** In einer ehemaligen Apotheke, der »Farmacia Balboa« an der Piazza Giuseppe Pisanelli im Nachbarort Tricase, erhält man heute keine Medizin mehr, sondern raffinierte Cocktails, deren Namen aus der Filmwelt stammen. Zusammengetan haben sich für dieses Projekt Helen Mirrens Ehemann Taylor Hackford und Francesco Winspeare, der Winzer und Bruder des Regisseurs Edoardo Winspeare (täglich 18–2 Uhr).

94 Die Abtei Cerrate

Ein Blick, der einen Schatz versteckt

»FAI« ist nicht nur der Imperativ des italienischen Verbes »machen«, es ist auch das Namenskürzel einer gemeinnützigen Stiftung, die sich für Denkmalpflege und Naturschutz in Italien einsetzt: Fondo Ambiente Italiano. Diese wurde 1975 von Giulia Maria Mozzoni Crespi gegründet. Der Sitz befindet sich zwar in Mailand, doch die vielen geretteten, restaurierten und zu besichtigenden Baudenkmäler sind italienweit verteilt. Auch die Abtei in Cerrate gehört zu den vom FAI verwalteten Orten. Sie wurde nahe der Römerstraße erbaut, die die Städte Brindisi, Lecce und Otranto miteinander verband.

Der normannische Fürst Bohemund von Tarent soll das Kloster für griechische Mönche errichtet haben lassen. Die Anlage wuchs und wurde zu einem bedeutenden religiösen Zentrum nahe der Stadt Lecce. Der Komplex beinhaltet zum einen die Kirche Santa Maria, die im Stil der apulischen Romanik erbaut wurde. Ihr dreischiffiges Inneres ist großzügig freskiert. Zum anderen lassen sich Zeugnisse einer späteren Nutzung der Abtei als *masseria*, also als Gutshof, festmachen. Ein Zitrusgarten und Öl- und Getreidemühlen sowie der beeindruckend verzierte Brunnen sind Teile des Rundgangs.

Bevor man die Abbazia verlässt, sollte man wenigstens versuchen, den Blick des »Tritone« zu deuten. Dabei handelt es sich um eine Meeresgestalt, die über der Zisterne aus dem 16. Jahrhundert thront. Diese Figur, die vier Säulen sowie der ganze Brunnen bestehen aus dem für die Gegend typischen Sandstein *pietra leccese*. Dieses Material lässt sich zwar leicht verarbeiten, doch auch Wettereinflüsse hinterlassen ihre Spuren auf dem hellen Stein. Das Gesicht des »Tritone« wirkt deshalb selbst aus nächster Nähe verschwommen. Der Blick der Statue ist nicht mehr nachvollziehbar. Das ist besonders schade, weil er den Punkt anzeigen soll, an dem einst ein wertvoller Schatz vergraben wurde.

Adresse an der SP 100 Squinzano–Casalabate, 73100 Lecce | Anfahrt 18 Kilometer nördlich von Lecce, über die SS 613, Ausfahrt Squinzano / Casalabate nehmen und auf der SP 100 den Schildern Richtung Abbazia Santa Maria di Cerrate folgen | Öffnungszeiten wechseln je nach Saison, Führungen auch auf Englisch, aktuelle Informationen sowie Ticketreservierung unter www.fondoambiente.it | Tipp Fährt man auf der SP 100 weiter Richtung Norden, gelangt man nach Casalabate. Hier kann man vom Lungomare Nord an der Promenade entlang bis zur Torre Specchiolla spazieren.

95 Die Masseria Le Stanzíe

Tomaten auf den Augen

Auf einem Hügel außerhalb des Dorfes Supersano befindet sich die Masseria Le Stanzíe. Ein Bauernhof, folgt man der Übersetzung, doch dieser Begriff wird der Struktur in keiner Weise gerecht. Um diesen Ort zu verstehen, bedarf es einer Führung.

Der Inhaber Donato Fersino zeigt den Gästen das große Anwesen. Es besteht aus vielen Räumen, die bereits im 17. Jahrhundert von mehreren Familien bewohnt wurden. Hier wurde zusammen gelebt und zusammen gearbeitet. Man bestellte und beackerte das umliegende Land, die Tiere kamen in den Ställen unter, und ihre Milch wurde zu Käse verarbeitet. Wenn noch freie Zeit blieb, wurde von der *massara*, der Bäuerin, der Webstuhl bedient. Selbst eine Ölmühle kann diese *masseria* vorweisen.

Was das Schönste an diesem Ort ist? Er soll ganz im Sinne der Tradition erfahren werden. Le Stanzíe, früher Raststätte der vorbeiziehenden Karawanen, die Lampantöl in die Hafenstadt Gallipoli transportierten, ist heute ein Restaurant, in dem man traditionelle Gerichte der apulischen Küche genießt. Wie der Name schon sagt: Diese *masseria* war und ist ein Ort, um sich niederzulassen. Und beim Anblick der unzähligen orangegelben Tomaten, die überall in Bündeln von der Decke hängen, möchte man das auch. In den ehemaligen Ställen des Anwesens brennen die Holzöfen – nicht als Deko, um das Ambiente heimelig zu gestalten, sondern als Feuerstelle für die Zubereitung von Speisen.

In der *masseria* wird einem Apulien aber auch auf ganz praktische Weise nähergebracht, denn hier lernt man, wie die typischen apulischen Nudelsorten zubereitet werden, wie Käse hergestellt wird und wie Tabakblätter mit einer großen Nadel aufgefädelt werden. Zur Olivenernte im Herbst wird jede helfende Hand freudig begrüßt. Ein Besuch der Masseria Le Stanzíe kann aber auch schlicht mit einem traditionell zubereiteten Essen enden – ganz ohne eigenes Zutun.

Adresse SP 362, Kilometer 32,900, 73040 Supersano, www.lestanzie.com | Anfahrt 42 Kilometer südlich von Lecce, über die SS 16, Ausfahrt Melpignano nehmen, weiter auf der SP 361 und der SP 362 | Öffnungszeiten täglich, Reservierungen für das Mittag- oder Abendessen sowie Anmeldungen zu Besichtigungen oder Kursen unter Tel. +39/0833/632438 oder über die Website | Tipp Samstag ist Markttag: Von 8 bis 13 Uhr verkaufen Händler rund um die Via Alfieri ihre Produkte, Lebensmittel und Bekleidung.

96 Die Altstadt

Marine und Meerjungfrauen

Die berühmte Drehbrücke von Tarent führt zur Altstadt-Insel, in den *borgo antico.* Zur Linken befindet sich hier das Kastell, in dem das Personal der italienischen Marine durch die mittelalterliche Konstruktion führt. Generell sieht man in der Stadt viele Männer und Frauen in Uniform, Schiffe der »Marina Militare Italiana« liegen vor Anker. Tarent – auf Italienisch Taranto – beherbergt nämlich einen Militärhafen. Durch den Kanal, der die Insel von der Neustadt trennt, ist die Lagune mit dem Mittelmeer verbunden. Daher der Beiname »Stadt der zwei Meere«. Auf dem *canale* sind Segelschiffe wie die Amerigo Vespucci, das Ausbildungsschiff der Marine, sowie Schiffe, die in der Werft gewartet werden, zu sehen.

Bei einer Umrundung der Altstadt kann es vorkommen, dass man grazile Gestalten auf dem Meer wahrnimmt. Das ist keine optische Täuschung, sondern Kunst des Bildhauers Francesco Trani. Da die drei Statuen aus wasserdichtem Beton sind, trotzen sie auf ihrer Mole sitzend dem Wind, den Wellen und dem Salzgehalt des Mittelmeeres. Es handelt sich bei den Figuren um Meerjungfrauen, die der Legende nach an dem Punkt, an dem sich die »zwei Meere« von Tarent treffen, ein unsichtbares Schloss erbaut haben und seitdem die Stadt beschützen. Ethra, Satyria und Skuma heißen die Figuren, schauen aufs Meer und haben dabei gleichzeitig die Stadt im Auge.

Um den maritimen Rundgang auch thematisch abzuschließen, lohnt sich ein Besuch des MArTA, des Archäologischen Nationalmuseums. Hier warten seit 2023 besondere Ausstellungsstücke: Drei fast lebensgroße Terrakottastatuen aus dem 4. Jahrhundert vor Christus wurden in den 1970er Jahren bei einer illegalen Ausgrabung in Tarent entdeckt und ins Ausland gebracht. Das Getty Museum in Los Angeles, das es sich zur Aufgabe gemacht hat, Kunstwerke an ihre Herkunftsländer zurückzugeben, hat die Rückkehr von Orpheus und den zwei Sirenen ermöglicht.

Adresse auf Höhe Corso Vittorio Emanuele II 31, 74123 Tarent | Anfahrt an der Westküste, über die SS 7, Ausfahrt Taranto Centro nehmen | Öffnungszeiten Meerjungfrauen immer zu besichtigen; MArTA Mo–Sa 9.30–19.30 Uhr, So und Feiertage 9–13 und 15.30–19.30 Uhr | Tipp Delphine beobachten im Golf von Tarent – das geht unter anderem mit dem Team von Jonian Dolphin Conservation, das von April bis Oktober Ausflugsfahrten mit Booten anbietet (www.joniandolphin.it).

97 Die Konkathedrale

Leinen los für den Glauben!

Spricht man den Namen Taranto aus, denken die meisten Italiener an die ILVA, Europas größtes Stahlwerk. Anschließend kommt ihnen die berühmte Drehbrücke in den Sinn, die die Altstadt-Insel mit der Neustadt verbindet.

In den 1960er Jahren erkannte Monsignore Guglielmo Motolese, der Erzbischof von Tarent, die Notwendigkeit, auch im moderneren Teil der Stadt einen Ort für die Gläubigen seiner Gemeinde zu schaffen. Als Gegenstück zur Kathedrale San Cataldo entstand so ab 1967 die Konkathedrale Gran Madre di Dio.

Mit dem Bau beauftragt wurde der italienische Architekt und Designer Giovanni Ponti. Seine berühmtesten Bauwerke sind das Denver Art Museum in Colorado und das Pirelli-Hochhaus in Mailand. In Tarent steht nun seit 1970 am Ende der Via Dante das von ihm entworfene »Segel«. Diese Assoziation entsteht durch die besondere Konstruktion der Kirche. Sie hat nämlich zwei Fassaden: Die erste breitet sich in der Horizontalen aus, die zweite ragt in 50 Metern Abstand vertikal über das Gebäude hinaus und ersetzt dadurch optisch die fehlende Kuppel. Ponti begründete seine Wahl der zwei Fassaden damit, dass die erste für die Kirchenbesucher gedacht sei und die zweite für den Luftraum über der Kirche. Diese hohe Fassadenmauer sei nur mit den Augen und nur vom Wind zu erreichen, und ihre rund 80 recht- und sechseckigen Fenster sollen, so Ponti, einen Blick auf die Unendlichkeit gewähren.

Unendlich glücklich über den Bau des besonderen Gotteshauses muss der Erzbischof Guglielmo Motolese gewesen sein, denn er wollte nach seinem Tod im Jahr 2005 in der Krypta der Konkathedrale bestattet werden. Nur Pontis Wunsch ist in Vergessenheit geraten. Er träumte am Tag der Einweihung davon, dass die weißen Wände seiner Konstruktion vom Grün der Pflanzen überdeckt würden. Gut, dass die grünen Bauelemente in der Kathedrale zumindest erhalten geblieben sind.

Adresse Via Monsignore Blandamura 7, 74121 Tarent | Anfahrt an der Westküste, über die SS 7, Ausfahrt Taranto Centro nehmen | Öffnungszeiten Messe wochentags 7.15 und 18.30 Uhr, So und Feiertage 8, 10, 11.30 und 18.30 Uhr | Tipp 45 Kilometer südlich von Tarent befindet sich ein Highlight für Taucher: In San Pietro in Bevagna ruhen in sechs Meter Tiefe die sogenannten »Vasche del Re«. Dabei handelt es sich um 20 Marmorsarkophage, die circa 1.700 Jahre unentdeckt und beschützt im Sand lagen.

98 Die Konditorei Lula

Trani zum Essen gern

Gordon Ramsay, Massimo Bottura, Albert Adrià, Carlo Cracco. Wer sich für gehobene Gastronomie interessiert, dem läuft schon jetzt das Wasser im Mund zusammen. In den Küchen dieser international bekannten Spitzenköche hat Luca Lacalamita gelernt und gearbeitet. Seine letzte Station war die Enoteca Pinchiorri in Florenz. Während seiner Zeit in diesem Drei-Sterne-Gourmetrestaurant erhielt er vom italienischen Gastronomieverlag Gambero Rosso den Titel »Bester Konditor Italiens«.

Links die salzigen Brotwaren, rechts in der längeren Vitrine die bunten Desserts. Gemeinsam mit seiner Partnerin Mate Scaringi führt Luca nun in seiner Heimatstadt das »Lula«. Hier wird durch Meisterhand fluffig-leichtes Brot geknetet, aus verschiedenen Zutaten werden essbare Kunstwerke gezaubert, und aus Verbundenheit zur Heimat werden schokoladige Monumente kreiert. Die Mini-Kathedrale von Trani schmeckt einmalig gut. Der Glockenturm zergeht auf der Zunge. Es ist ein pures kulinarisches Vergnügen, das Wahrzeichen von Trani noch weiter anzuknabbern. Am langen Tisch im separaten Gastraum sitzen Foodies aus aller Welt und Einheimische zusammen. Alle sind aus dem gleichen Grund hier: Sie möchten sich selbst ein Bild von Lucas Können machen. Mate betont, dass er nur regionale Getreidesorten und saisonale Zutaten verwendet. Die Qualität seiner Produkte und die Leidenschaft für seinen Beruf spiegeln sich in der Auslage wider.

Ganz unscheinbar hat sich eine Neuinterpretation des Klassikers der apulischen Brotwelt ins Regal geschmuggelt. Die Teigkringel in der dunklen Version scheinen auf den ersten Blick aus Vollkornmehl zu sein. Auf dem Etikett steht eine Warnung: »Nein, wir sind nicht süß.« Es sind salzige Taralli aus Schokolade! Und sie eignen sich im Gegensatz zur Mini-Kathedrale auch für den Transport über Landesgrenzen hinaus. Ohne ein Tütchen Taralli sollte man das Lula und Trani nicht verlassen.

Adresse Corso Matteo Renato Imbriani 102, 76125 Trani | Anfahrt 50 Kilometer nördlich von Bari, über die SS 16, Ausfahrt Trani Centro nehmen | Öffnungszeiten Di, Do, Fr, Sa 7.30–18 Uhr, Mi 7.30–15 Uhr, So 7.30–14.30 Uhr | Tipp Wo tagsüber Fischerboote ihren Fang entladen, lässt es sich abends wunderbar spazieren. Entlang der Bucht schaukeln die nun leeren Boote auf dem Wasser, und die beleuchtete Kathedrale thront über dem nördlichen Ende des Hafens.

99 Das Schreibmaschinen-museum

Gehämmert und nicht getippt

Ist das Tippen auf Computern, Handys und Tablets in der heutigen Zeit eher eine geräuscharme, wenn nicht gar geräuschlose Aktion, so ist der Klang des Schreibens, das »Hämmern« auf einer Schreibmaschine unverkennbar. In den zwei Stockwerken des Museums der »Fondazione S.E.C.A.« wäre es ziemlich laut, wenn alle Ausstellungsstücke gleichzeitig benutzt würden. Wie der ungekürzte Stiftungsname »Scripturae Evolutio Cum Arte« verrät, wird hier die Geschichte der Schreibmaschine anhand von circa 400 Exemplaren präsentiert.

Im ersten Stock führt ein chronologischer Rundgang durch das Museum. Den Anfang der Sammlung macht ein Exemplar der Sholes & Glidden aus dem Jahr 1873. Sie gilt als erste serienmäßig produzierte Schreibmaschine der Vereinigten Staaten von Amerika. Chronologisch geht es weiter mit Modellen der Marken Continental, Adler und IBM. Nicht selten haben die Firmen vorher andere Gegenstände hergestellt, beispielsweise Nähmaschinen, Fahrräder oder Spielzeuge.

Die britische Schriftstellerin Agatha Christie benutzte eine Schreibmaschine der Firma Remington, der italienische Regisseur Pier Paolo Pasolini schrieb ausschließlich auf einer Lettera 22, und Ian Fleming hat sich nach Abgabe des ersten 007-Romans »Casino Royale« eine vergoldete Royale Quiet de Luxe gekauft. Auf dieser soll er die folgenden Bond-Abenteuer »gehämmert« haben.

Im unteren Stockwerk lässt sich die Geschichte der italienischen Schreibmaschinenmarke Olivetti rekonstruieren. Das erste Modell »M1« wurde im Jahr 1911 im Rahmen der in Turin stattfindenden Weltausstellung präsentiert. Doch der Erfolg der Olivetti-Schreibmaschinen begann erst ein Jahr später mit einem Auftrag der italienischen Marine. Etliche Modelle wurden zu Kultobjekten, wie etwa die knallrote Olivetti Valentine.

Adresse Piazza Duomo 8, 76125 Trani | Anfahrt 50 Kilometer nördlich von Bari, auf der SS 16 bis zur Ausfahrt Trani Sant'Angelo fahren | Öffnungszeiten Di–Fr 9.30–13.30 und 16–19 Uhr, Sa, So 9.30–13.30 und 15.30–19 Uhr | Tipp Schräg gegenüber befinden sich zur Rechten die Kathedrale und zur Linken das Kastell. Beides Orte, deren Besichtigung unbedingt zu einem Besuch von Trani gehört.

100_Die Cala Matana

Leben wie Dalla auf San Domino

Vor der Cala Matana tummeln sich die Boote und Yachten. Alle wollen sie einen Blick auf diese Bucht erhaschen, hier sonnenbaden und schnorcheln. Ein Mini-Strandabschnitt ermöglicht eine Verschnaufpause vom Seeigelzählen und Fischebeobachten. Auf den steilen, glatten Felsen der Bucht verweilt man nicht ganz so gemütlich, doch dafür hat man Dalla im Rücken und seine Lieder im Kopf.

Der italienische Musiker Lucio Dalla wurde am 4. März 1943 in Bologna geboren, und das von ihm gesungene Lied »4/3/1943« machte ihn im Jahr 1971 in ganz Italien berühmt. Seine Verbindung zu Süditalien wurde damals durch das Cover der Platte deutlich. Dort ist eine Fotografie der Stadt Manfredonia abgebildet. Hier, am Sporn des Stiefels, lebte seine Familie mütterlicherseits, und hier verbrachte Dalla gemeinsam mit seiner *mamma* glückliche Momente, wie er einmal gesagt haben soll. Weitere Lieder wie »Piazza Grande«, »Quanto è profondo il mare« und das Album »Luna Matana« wurden auf den Tremiti-Inseln geschrieben und aufgenommen. Inspiration fand der Komponist dieser bis heute bei Jung und Alt beliebten Lieder in der unberührten Natur des Archipels und in den Farben des Meeres.

Seit einigen Jahren können Besucher der apulischen Inseln Dallas Faszination für diese Orte nachempfinden. Nicht nur indem sie die Bucht besuchen, sondern auch indem sie in einer seiner Unterkünfte wohnen. Das weiße Klavier steht noch immer unter dem Fenster, und der Blick von der Terrasse ist weiterhin beeindruckend. Die »Villa Lucio Dalla« kann gemietet werden und ist von der Cala Matana aus fußläufig zu erreichen. In diesen gut fünf Minuten unter Pinien kann Dallas wohl berühmtestes Lied »Caruso« aus dem Jahr 1986 als Soundtrack dienen. Hier hat sicher schon so mancher den Refrain »Te voglio bene assaje« gesummt. Selbst die Zikaden scheinen diese Melodie zu zirpen.

Adresse Insel San Domino, 71051 Tremiti-Inseln | **Anfahrt** in den Sommermonaten Fährverbindungen von Vieste, Peschici und Rodi Garganico, außerdem von Termoli in der Region Molise | **Tipp** In der Cocktailbar Capatosta in der Via Prefetto Cesare Mori werden köstliche Drinks fernab der bekannten Mischverhältnisse gemixt. Die selbst gemachten Liköre und der Kapern-Gin sind sehr zu empfehlen.

101 Die Insel San Nicola

Das versteckte Grab

Unterschiedlicher könnten die beiden bewohnten Inseln des Tremiti-Archipels nicht sein. Die eine rau und karg, die andere belebt und bewachsen. Das sind San Nicola und San Domino. Wer beide besichtigen möchte, kann hin- und herfahren, denn zwischen den Inseln besteht ein stündlicher Bootsshuttle.

Der Weg ins kleine historische Zentrum von San Nicola ist beschwerlich. Es geht auf einer mit glatten Steinen gepflasterten Straße ziemlich steil aufwärts. Da verwundert es nicht, dass Einheimische samt ihrem Einkauf per Quad oder Traktor hinauffahren. Oben thront die Kirche Santa Maria al Mare, in der sich ein sehenswertes Fußbodenmosaik befindet.

Doch die Mission der Inselbesichtigung ist eine andere: Es gilt, das Grab des Diomedes aufzuspüren. Der Namensgeber der »Isole Diomedee«, wie sie auch genannt werden, soll der Legende nach die Inselgruppe erschaffen haben. Auch soll er hier auf San Nicola begraben sein. Fragt man die Besitzer der Souvenirshops links und rechts von der Kirche, erhält man als Antwort nur ein beherztes Achselzucken. Dann müssen eben die bisher gesammelten Informationen ausreichen. Eine Grotte aus hellem Gestein mit einer halbrunden Öffnung wird gesucht. Durchquert man das Abteigelände, gelangt man zur Klosterburg. Von hier aus geht es auf einer weiten Fläche weiter. Hoch über den tosenden Wellen wird die investigative Suche nach der letzten Ruhestätte des Helden der griechischen Mythologie fortgesetzt. Seine Gefährten sollen von seinem Tod so erschüttert gewesen sein, dass die Göttin Venus sie alle aus Mitleid in Vögel verwandelt hat, auf dass sie das Grab des Verstorbenen bewachten.

An der Stelle, an der es liegen müsste, verdeckt ein prächtiger grüner Strauch die felsige Höhle. Ein Schild, das die gelungene Suchaktion bestätigt, wird schmerzlich vermisst. Manchmal ist eben der Weg das Ziel.

Adresse Strada Comunale al cimitero, San Nicola, 71040 Tremiti-Inseln | Anfahrt in den Sommermonaten Fährverbindungen von Vieste, Peschici und Rodi Garganico, außerdem von Termoli in der Region Molise | Tipp Suchen Sie sich ein lauschiges Plätzchen zwischen den Fischerbooten in der kleinen Bucht von San Nicola und beobachten Sie das geschäftige Hin und Her zwischen den Inseln und dem Festland.

102 Das Boutique-Hotel

Pizza und Prosecco bei Elvira

100 Jahre Dornröschenschlaf und 3 Jahre aufwendige Restaurierungen haben sich ausgezahlt. Das im Mai 2022 eröffnete Boutique-Hotel Castle Elvira ist eine sehr gefragte Location nördlich von Lecce.

Die Inhaber Steve Riseley und Harvey B. Brown haben eine farbenfrohe Luxusunterkunft erschaffen, die auch für Nicht-Hotelgäste zugänglich ist. Möchte man Veranstaltungen auf dem riesigen Grundstück besuchen, muss man sich nur vorher anmelden. Auch Steve und Harvey sind beim *aperitivo* auf der Terrasse oder bei der Pizza-Party im hauseigenen Restaurant anzutreffen.

Kunst und Design bestimmen die Inneneinrichtung des Hotels, das sich auf mehrere Gebäude verteilt. Die freskierten Decken der Zimmer treffen auf moderne Kunst, Gemälde und Fotografien schmücken die Wände, ein Bechstein-Klavier aus dem Jahr 1902 kann im Salon des Schlosses bespielt werden, und auf dem Dach des benachbarten Turms kann man sich in einer Badewanne entspannen. Durch das Hauptgebäude führt ein Fahrstuhl, der das Kino im Untergeschoss mit der Dachterrasse verbindet. Insgesamt kann der Komplex des Boutique-Hotels bis zu 22 Personen beherbergen.

Erbaut wurde das Schloss zu Beginn des 20. Jahrhunderts. Als Vorlage diente die »Villa La Santarella« in Neapel. Der Bauherr soll ebenfalls aus Neapel gewesen sein. Er und seine Frau verlebten mit der gemeinsamen Tochter Elvira wundervolle Momente im Salento. Doch der Legende nach verstarb sie in jungen Jahren. Die todtraurigen Eltern waren nicht mehr in der Lage, in dem von der Tochter so geliebten Gebäude zu wohnen, und verließen es. Tatsächlich verwahrloste dieser Ort außerhalb des Dorfes jahrzehntelang. Anwohner erinnern sich an Mutproben, die hier ausgeführt wurden, und an Geister, die gesehen worden sein sollen. Doch seit der Eröffnung zeigen sich nur noch gute Geister, die den Gästen jeden Wunsch erfüllen.

Adresse Via Andrano, 73019 Trepuzzi, www.castleelvira.com | Anfahrt 20 Kilometer nördlich von Lecce, über die SS 613, Ausfahrt Squinzano nehmen und auf der SP 100 weiterfahren | Öffnungszeiten aktuelle Events siehe Website | Tipp Fünf Kilometer joggen, laufen oder gehen? Parkruns finden samstagmorgens um 9 Uhr im Naturschutzgebiet des Regionalparks »Bosco e Paludi di Rauccio« statt. Man trifft sich ab 8.30 Uhr auf dem Parkplatz des Parkeingangs, eine Anmeldung unter www.parkrun.com ist notwendig.

103 Die Kirche der Teufel

Kein Kruzifix, keine Glocken

Wer in Tricase und Umgebung nach der Kirche Santa Maria di Costantinopoli fragt, wird in den meisten Fällen keine Auskunft erhalten, denn unter den Einheimischen ist sie nur als »Chiesa dei Diavoli« bekannt, als Kirche der Teufel.

Der Legende nach soll dem Lehnsherrn der hiesigen Ländereien der Teufel erschienen sein und ihm einen Pakt angeboten haben. Er verlangte seine sterbliche Seele im Tausch gegen außergewöhnliche Fähigkeiten. Der Lehnsherr ging das Bündnis ein und sprach sofort einen ersten Wunsch aus. Er beauftragte den Teufel damit, eine Kirche in den Getreidefeldern zu errichten. Dieser folgte der Anweisung und erschuf zusammen mit Dämonen in einer mondlosen Nacht den achteckigen Bau. Als er jedoch den letzten Wunsch des Mannes erfüllen wollte, bemerkte er, dass er getäuscht worden war. Er scheiterte an dem Versuch, Sandstränge zu bauen und Wasser zu bündeln, wie es ihm aufgetragen worden war. Daraufhin wütete der Teufel und schmetterte die Kirchenglocken in den Canale del Rio. Manch ein Fischer behauptet noch heute, bei Unwetter das Läuten dieser Glocken zu vernehmen.

In den Gemeindeakten von Tricase kann man nachlesen, wie der architektonische Verwandte des berühmten Castel del Monte wirklich entstanden ist. Ein gewisser Jacopo di Gattinara, ein Nachfahre des Großkanzlers von Kaiser Karl V., gab den Bau der Kirche 1685 in Auftrag. Er besuchte im südlichsten Teil Apuliens seine Stieftochter, die mit dem Prinzen von Tricase, Stefano Gallone III., verheiratet war. Bis ins 19. Jahrhundert wurde die Kirche, wie vom Auftraggeber gewünscht, regelmäßig genutzt. Mit dem Wegfall der täglichen Messen allerdings war sie dem Verfall preisgegeben, 1878 wurde sie schließlich entweiht.

Wer die Kirche aufsucht, kann durch die kleinen Löcher der verschlossenen Eingangstür ins Innere spähen. Doch Kirchenglocken und Kruzifixe wird man hier vergeblich suchen.

Adresse Via Madonna di Loreto, 73039 Tricase | Anfahrt 35 Kilometer südlich von Otranto, über die SP 87 und die SP 378 | Öffnungszeiten von außen jederzeit, Besichtigung der Kirche nach Vereinbarung per E-Mail an turismo.comune.tricase@gmail.com | Tipp Michele Turco vom Infopoint kennt sich in der Umgebung bestens aus und bietet Führungen in und um Tricase an. Besonders zu empfehlen ist die Besichtigung des Palazzo Gallone (Tel. +39/328/4224666).

104 Der Naturpool

Planschbecken aus Felsen

In Apulien ist das Meer nie weit weg, und an der südlichsten Spitze der Halbinsel, im Salento, verbindet eine Küstenstraße die vielen kleinen Ortschaften am Meer. Meist gehören sie zu einer größeren Gemeinde im Landesinneren, so wie Marina Serra ein Teil der vier Kilometer entfernten Gemeinde Tricase ist. Vom Straßenniveau der Via Carlo Mirabello aus markiert der viereckige ehemalige Wehrturm »Torre Palane« die Stelle, an der es einige Stufen hinunter zum Naturpool geht.

Nun gilt es, das richtige Plätzchen zu finden. Der Zugang zum Wasser sollte in der Nähe sein, die Sonne sollte die Haut nach dem Bad schnell trocknen, und gemütlich sollte der harte Felsen auch sein. In verschiedenen Positionen haben es sich hier bereits einige Leute auf bunten Badelaken bequem gemacht, sie lugen nach und nach zwischen den verwinkelten hohen Felsmauern hervor. Besonders stolz wirken die Besitzer einer gepolsterten Unterlage, die sich auf diesem rauen Untergrund bezahlt macht.

Der Naturpool ist so beliebt, weil er das Baden in Salzwasser mit allen Vorteilen, die ein Schwimmbecken bietet, verbindet. Senkrechte Felswände begrenzen die flache Wasserstraße seitlich. An den Enden des Kanals brechen die Wellen, sodass das Wasser im »Becken« meist sanft hin und her schwappt. Eine Öffnung zum Meer auf der einen Seite und kleine Öffnungen zu Höhlen zur Linken sorgen für die Zirkulation des Wassers.

Vom »Beckenrand«, einer zementierten Plattform, aus lässt sich das bunte Treiben beobachten. Bei diesem Anblick kann man nicht anders, als den Menschen zu danken, die die Idee hatten, zwei getrennte Badebuchten miteinander zu verbinden. Mit den gewonnenen Steinen soll, so berichten Anwohner, bereits im 16. Jahrhundert der »Torre Palane« erbaut worden sein. In den 1950er Jahren half man nochmals etwas nach und schuf dieses herrliche Planschbecken.

Adresse Via Carlo Mirabello, 73039 Tricase-Marina Serra | Anfahrt 38 Kilometer südlich von Otranto, über die Küstenstraße SP 87 und die SP 358 | Öffnungszeiten jederzeit zugänglich | Tipp Im Restaurant »Taverna del Porto« werden hochwertige Fischgerichte angeboten. Mittwochs ist Ruhetag, am Sonntag ist nur mittags geöffnet (Lungomare Cristoforo Colombo 121, Tel. +39/0833/775336).

105 Die Bruderschaftskirche

Rosetta und Alfredo

Rosetta Pirro lebte in der Via Castello 37. Viele vermissen das Engagement der Frau, die für die Bewohner in Vico so manche Fäden zog. Ihre Haustür stand immer offen, sie war stets für einen Plausch bereit, Rosettas Zuhause war das Wohnzimmer von Vico.

Mit ihrem Freund Alfredo Bortoluzzi hat Rosetta die Bruderschaftskirche, die der heiligen Annunziata gewidmet ist, gepflegt und für Feierlichkeiten hergerichtet. Sie liegt nur wenige Meter von ihrem Wohnhaus entfernt, und alle in Vico nennen sie heute noch »die Kirche von Rosetta«.

An den Wänden des kleinen, schlichten Gotteshauses hängt ein Bilderzyklus von Alfredo Bortoluzzi. Dieser wurde 1905 in Karlsruhe geboren und war der einzige Italiener, der am Bauhaus in Dessau studierte. Nachdem seine Werke 1933 als »entartete Kunst« eingestuft worden waren, verließ Bortoluzzi Deutschland und emigrierte nach Frankreich, wo er Solotänzer an der Oper in Paris wurde. Nach dem Krieg war er Choreograf und Bühnenbildner, unter anderem am Badischen Staatstheater in seiner Geburtsstadt. Nach einer Knieverletzung zog er im Jahr 1958 nach Peschici, wo er wieder malte. Und zwar unter anderem den Kreuzweg, den man heute in Vico del Gargano findet. Es heißt, der Pfarrer von Peschici sei wenig erfreut gewesen, als er hörte, dass das Nachbardorf Vico einen eigenen Bilderzyklus erhalten habe. Der Kompromiss bestand darin, dass auch Peschici eine Via Crucis bekommen sollte. Die Kopie der dort verorteten Bilderreihe hängt nun in Rosettas Kirche.

Das Buhlen um Bortoluzzis Ruhm hält bis heute an. Die Bewohner von Vico sind sehr stolz auf seine häufige Anwesenheit im Ort – Rosetta sei Dank. Und sie betonen, dass die erste Via Crucis hier entstanden ist und der heilige Valentin in der Chiesa Madre persönlich ein Auge auf die Originalbilder hat. Und wer weiß, vielleicht hat Rosetta ja auch in dieser Angelegenheit ihre Finger im Spiel gehabt.

Adresse Ecke Via San Giuseppe / Via del Conte, 71018 Vico del Gargano | **Anfahrt** 39 Kilometer nordwestlich von Vieste, über die SS 89, vor San Menaio auf die SP 144 fahren, wird zur SP 528 | **Öffnungszeiten** in den Sommermonaten täglich, außerdem nach Absprache mit dem Verein »Pro Loco Vico«, Tel. +39/346/0901463 | **Tipp** Pasquale D'Apolito hält das Dorf Vico del Gargano und seine Traditionen fotografisch fest. Zu sehen sind seine Arbeiten im »Studio 28MM« im Corso Re Umberto 149/151 oder online unter www.28millimetri.it.

106 Die Chiesa Madre

Orangen für den heiligen Valentin

Den 14. Februar kann man mit einem romantischen Candle-Light-Dinner begehen oder schlicht ignorieren. Es sei denn, man lebt in dem kleinen Dörfchen Vico del Gargano auf dem Sporn Apuliens. Denn hier dreht sich ab Anfang Februar alles um den heiligen Valentin. Er ist nämlich der Schutzpatron von Vico. Aber das war er nicht immer.

Bis zum Jahr 1618 war Norbert von Xanten der Schutzpatron der Stadt der Liebe und der Zitrusfrüchte. Während einer anhaltenden Serie von zu kalten, frostigen Wintern wurde der heilige Norbert innigst aufgerufen, Abhilfe zu schaffen. Doch Jahr um Jahr sahen die Zitrusbauern weiterhin ihre Einnahmequelle gefährdet. Stimmen wurden laut, man brauche einen Winter-Heiligen, der in der Lage wäre, die Früchte vor der Kälte zu beschützen und die Bevölkerung vor dem Ruin zu bewahren. Also machte sich eine Delegation auf nach Rom, wo in den Katakomben zwischen den Büsten der Märtyrer ein neuer Schutzheiliger ausgesucht werden sollte. In den Gängen stieß der Vorsitzende der apulischen Gesandten an den Arm an einer Statue. Er hielt inne und fragte, vor welchem Heiligen er stehe. Es war San Valentino.

Die Kommission aus Vico war sich sicher, dass der Heilige den Zusammenstoß provoziert hatte, und so einigte man sich schnell auf diesen neuen Patron. Zumal sein Gedenktag anders als der von San Norberto im Winter liegt. Statt am 6. Juni wird nun seit über 400 Jahren am 14. Februar das Dorffest gefeiert.

In der Kirche Santa Maria Assunta befindet sich auf dem vierten Altar von links die Prozessionsstatue des heiligen Valentin. In den Tagen vor dem Fest wird um diese herum ein Thron aus 500 Kilo Orangen gebaut. Ohne diese üppige Umrahmung begibt sich der Dorfheilige an seinem Ehrentag dann durch das Dorf, getragen von vier starken Schultern. Das hat er sich auch verdient, schließlich hat es, seit er in Vico ist, keine Eiszeiten mehr gegeben.

Adresse Via Chiesa Madre, 71018 Vico del Gargano | Anfahrt 39 Kilometer nordwestlich von Vieste, über die SS 89, vor San Menaio auf die SP 144 fahren, wird zur SP 528 | Öffnungszeiten in den Sommermonaten täglich, außerdem nach Absprache mit dem Verein »Pro Loco Vico«, Tel. +39/346/0901463 | Tipp In der Bar Pizzicato in der Via del Risorgimento 14 werden hausgemachte Marmeladen und Liköre aus lokalen Zitrusfrüchten angeboten.

107_Die Gedenktafel

Der Erfinder der Lambretta

Viele Besucher Viestes wollen in die Via Deputato Petrone. Hier lockt sie das Versprechen der ewigen Liebe. Denn wer die »Scalinata dell'amore«, die Liebestreppe, mit seinem Partner einmal Händchen haltend komplett hoch- oder runtergeht, wird für immer mit ihm zusammenbleiben. Dieses Versprechen hängt mit dem Erfolg des Liedes von Max Gazzè über den Kalkfelsen Pizzomunno zusammen. Der Songtext und rote Herzchen zieren die weißen Stufen der langen, steilen Treppe.

Nur wenige widmen ihre Aufmerksamkeit der Gedenktafel am Beginn der Straße. Sie ist dem Ingenieur Pier Luigi Torre gewidmet. Er wurde 1902 in der Via Petrone 7 geboren und ist kein Geringerer als der Erfinder der Lambretta.

Torre liebte Zahlen und studierte in Turin Maschinenbau. Nach dem Krieg wurde er von Ferdinando Innocenti nach Mailand gerufen. Dieser hatte im Jahr 1933 die Firma Innocenti gegründet, die Eisenelemente für Gerüste und Rohre fertigte. Ähnlich wie Enrico Piaggio, der Erfinder des Motorrollers Vespa, hatte er den Wunsch, die Bevölkerung zu mobilisieren, und zwar mit einem bezahlbaren Fortbewegungsmittel. Und so kam es, dass auch die Firma Innocenti einen Ingenieur einstellte, der Erfahrungen in der Luftfahrt gemacht hatte. Auf diesem Gebiet war die Verwendung von leichten, aber widerstandsfähigen Materialien gängig. Nun galt es, dieses Prinzip auch bei einem motorisierten Zweirad anzuwenden. Dem Team Innocenti-Torre gelang es, und nur wenige Monate nach der Vespa verließ auch die erste Lambretta im Jahr 1947 das Fabrikgelände. Tausende sollten in den nächsten Jahren folgen. Damit begann die andauernde Konkurrenz zwischen den Kultrollern des Hauses Piaggio und denen der Marke Innocenti. Vespa oder Lambretta? Diese Entscheidung beschäftigte Italien in den Nachkriegsjahren – aber ohne Pier Luigi Torre aus Vieste hätte sich diese Frage nie gestellt.

Adresse Via Deputato Petrone 13, 71019 Vieste | **Anfahrt** 100 Kilometer von Foggia am östlichsten Punkt des Gargano gelegen, über die SS 89 und die SP 53 | **Tipp** Einen wunderschönen Blick auf den Arco di San Felice, das berühmte Felsentor, bietet der Aussichtspunkt am ehemaligen Wachturm Torre San Felice. Dazu verlassen Sie Vieste Richtung Süden über die SP 53 und fahren an der gleichnamigen Bucht vorbei.

108 Der Kalkfelsen

100 Jahre für ein Wiedersehen

Der Sänger Max Gazzè brachte Vieste im Jahr 2018 auf die Bühne des Teatro Ariston in Sanremo. In der ligurischen Stadt wird jährlich das gleichnamige Musikfestival abgehalten. Mit seinem Lied »La leggenda di Cristalda e Pizzomunno« platzierte sich Gazzè an sechster Stelle und erhielt von der Jury einen Preis für die musikalische Komposition. Doch nicht nur das! In dem ehemaligen Fischerdorf, das heute hauptsächlich vom Tourismus lebt, kam der Auftritt so gut an, dass Max Gazzè noch im selben Jahr die Ehrenbürgerschaft von Vieste verliehen wurde.

Am Anfang des Strandabschnittes steht der 25 Meter hohe schneeweiße Kalkfelsen namens Pizzomunno. Der Legende nach ist er ein versteinerter Fischer, der täglich aufs Meer hinausfuhr. Die kräftigen Arme ruderten nach getaner Arbeit schneller, schließlich wartete seine hübsche Cristalda auf ihn. Ohne die bösen Sirenen wäre dieser Geschichte vielleicht ein Happy End vergönnt gewesen. Doch die verführerischen Wesen warben um den jungen Mann auf dem Boot. Tag für Tag riefen sie nach ihm, machten ihm schöne Augen und boten ihm in ihrer Gesellschaft unter Wasser ewiges Leben an. Doch was wäre das Leben ohne Cristalda? *Niente!* Pizzomunno ignorierte die Klänge aus dem Meer und ging mit seiner Geliebten am Strand spazieren. Bei diesem Anblick wurden die Sirenen eifersüchtig und entführten Cristalda in ihr Reich, das tiefe Adriatische Meer.

Pizzomunno, außer sich vor Wut und Trauer, verwandelte sich in den Monolithen, der seitdem den Gezeiten trotzt und, wie Gazzè es besingt, auf die Liebe seines Lebens wartet: »Ma io ti aspetterò, fosse anche per cent'anni!« Denn ja, alle 100 Jahre vereinen sich die beiden Liebenden in einer Sommernacht. So wie sich angeblich jeder Besucher in naher Zukunft wieder mit Vieste vereinen wird, wenn er oder sie einmal um den Kalkfelsen herumgeht. Dann, so sagt man, sei die baldige Rückkehr sicher.

Adresse Spiaggia della Scialara, 71019 Vieste | **Anfahrt** 100 Kilometer von Foggia am östlichsten Punkt des Gargano gelegen, über die SS 89 und die SP 53 | **Tipp** Geht man um das Castello Aragonese Svevo herum, findet man hinter dem Parkplatz einen versteckten Aussichtspunkt, der einen tollen Blick auf den Küstenabschnitt und den Kalkfelsen bietet.

109 Der Papst-Brunnen

Hohes Amt wider Willen

Viele Menschen in Vieste erinnern sich noch sehr gut an den 11. Februar 2013, als bekannt wurde, dass Papst Benedikt XVI. von seinem Amt zurückgetreten ist. Denn mit Vieste ist die Geschichte von Papst Coelestin V. verwoben.

Pietro da Morrone war ein Eremit und wollte das auch bleiben. Er gründete die Ordensgemeinschaft der Cölestiner und wunderte sich sicherlich, als ihn im Sommer des Jahres 1294 eine wichtige Nachricht ereilte: Er, der Benediktinermönch, war zum Papst gewählt worden! Anfänglich lehnte er es ab, dieses hohe Amt auszuführen. Doch er ließ sich umstimmen, ritt als Pietro da Morrone auf einem Esel in die Stadt L'Aquila hinein und kam als Papst Coelestin V. wieder heraus.

Nach nur wenigen Monaten trat er jedoch von seinem Amt zurück. Machtspiele lagen ihm gar nicht. Doch auch mit dieser Entscheidung wurde sein Leben nicht einfacher. Im Gegenteil: Er musste vor seinem Nachfolger, Papst Bonifatius VIII., fliehen. Seine Pläne, von Rodi Garganico nach Griechenland überzusetzen, scheiterten an der starken Meeresströmung. Und so traf er als emeritierter Papst, wieder in Gesellschaft eines Esels, in Vieste ein. An dem hohen Steinbrunnen des dreieckigen Platzes in der heutigen Via Veneto soll Pietro Celestino, wie er nun genannt wurde, eine Trinkpause eingelegt haben. Bevor er seinen Durst stillte, soll er seinem Reittier das Wasser gereicht haben. Diese Anekdote erzählt man sich in Vieste gern, weil sie den umsichtigen Charakter des Papstes beschreibt. Coelestin V. ging als der erste Papst in die Geschichte ein, der aus freien Stücken auf sein Amt verzichtete – nur wenige vor ihm hatten unfreiwillig abgedankt, und erst Papst Benedikt XVI. folgte seinem Beispiel. Dessen Besuch in L'Aquila am Schrein von Pietro Celestino kurz nach dem verheerenden Erdbeben im Jahr 2009 kommt damit rückblickend eine interessante Bedeutung zu.

Adresse Via Vittorio Veneto/Via Santa Maria di Merino, 71019 Vieste | Anfahrt 100 Kilometer von Foggia am östlichsten Punkt des Gargano gelegen, über die SS 89 und die SP 53 | Tipp Bis nach Ruvo di Puglia reicht der gute Ruf der Crêperie »L'Angolo delle Crepes« (Corso Lorenzo Fazzini 8/Piazza Kennedy 1).

110 Die Parafarmacia

Hier wird der Duft Apuliens abgefüllt

Alles, was rezeptfrei Leiden lindert, erhält man in einer Parafarmacia. Fernweh kann ebenfalls ein Leiden sein, und selbst dagegen haben Paola und Elia, die Apothekerinnen aus Vieste, ein duftes Mittelchen parat.

Wer würde nicht gern die frische Meeresbrise aus dem Urlaub als Souvenir mit nach Hause nehmen und ab und zu im Alltag einen kleinen Hauch davon entweichen lassen? An vielen noch so unspektakulären Badeorten kann man leere Fläschchen mit »Ferienluft« erstehen. Doch was wäre, wenn die abgefüllte Luft tatsächlich nach Apulien duften würde? Genau diesen Gedanken hatten Paola und Elia, die seit 2016 mit ihrem Unternehmen »Aquapulia« Parfums herstellen, die die Aromen des Stiefelabsatzes verströmen.

Die Düfte »Cristalda« und »Pizzomunno« sind an die Sage des Kalkfelsens angelehnt, für den Vieste bekannt ist. Das Damenparfum soll die Frau verkörpern, die mit ihrer warmen Umarmung den wieder zu Hause angekommenen Fischer begrüßt. Der Herrenduft hingegen strahlt ein intensives Bouquet mit Holznoten aus und soll an die kräftigen Arme des Fischers erinnern, der Netze knüpft und auf dem Meer rudert. Das dritte Parfum, »Secondo Federico«, ist dem *Puer Apuliae*, dem Sohn Apuliens, gewidmet. Denn für Paola und Elia hatte Friedrich II. etwas Rockiges, Bohemienartiges. Nuancen der Mandarine aus Rodi Garganico sorgen für den Bezug zum Territorium, Aromen von Leder und Holz deuten auf die überlieferten Vorlieben des Kaisers hin, der in Apulien jagte und regierte.

Apropos Meeresbrise: Wo, wenn nicht direkt über dem Meer, ist man dem Salz und den Wellen am nächsten? Dies fragten sich auch die beiden Freundinnen und haben den Raumduft »Trabucco« kreiert. Er ist dem gleichnamigen Fischfanggerüst gewidmet, das vielfach an der apulischen Küste steht und sich Wind, Wetter und Wellengang widersetzt – genauso wie ein Fläschen von Aquapulia in der Heimat dem salzigen Fernweh trotzt.

Adresse Via Santa Maria Merino 50, 70019 Vieste | **Anfahrt** 100 Kilometer von Foggia am östlichsten Punkt des Gargano gelegen, über die SS 89 und die SP 53 | **Öffnungszeiten** Mo – Sa 8.30 – 13 und 16 – 20.30 Uhr | **Tipp** Eine gute Adresse für kulinarische Spezialitäten ist das täglich mittags und abends geöffnete Restaurant »Vecchia Vieste« in der Via Mafrolla 32. Es empfiehlt sich, vorab einen Tisch zu reservieren (Tel. +39/0884/707083).

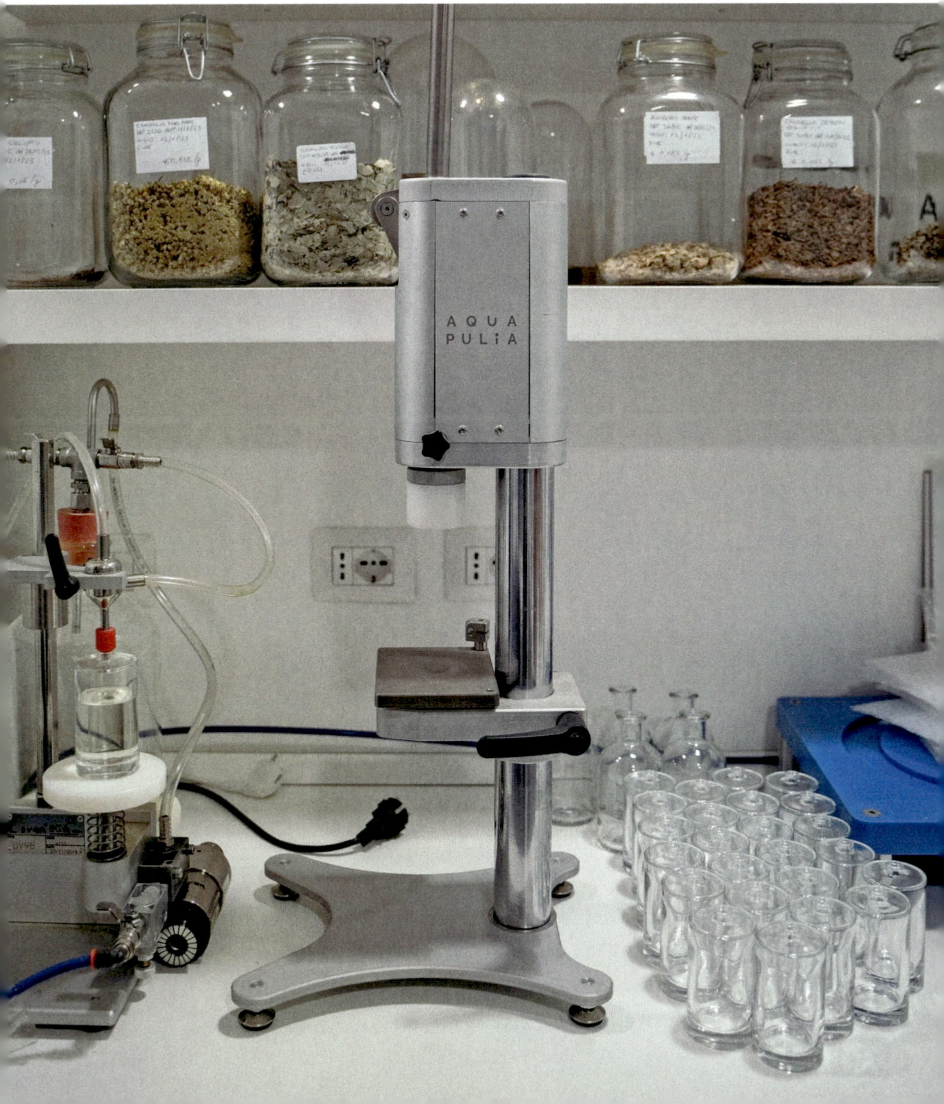

111 Der Trabucco Molinella

Fischergalgen revisited

Entlang der Adriaküste kann man sie immer wieder sehen: eigenartige Holzkonstruktionen, die ins Meer ragen. Wie Spinnen scheinen sie ihre Arme über der Wasseroberfläche auszustrecken und ihr Netz vor den Wellen zu schützen. Insgesamt sieben Fischergalgen lassen sich in der Umgebung Viestes ausmachen. Im Stadtzentrum kann man im Schatten der Holzkonstruktionen Fischer dabei beobachten, wie sie ihre Netze zusammenknoten. Dabei klackern die kleinen roten Bojen am Rand des Netzes aneinander und lassen einen Rhythmus erklingen, der sich mit dem der Wellen und des Windes wie zu einem Kanon ergänzt.

Das Gute an der *Trabucco*-Fangtechnik? Die Fischer mussten nicht hinaus aufs Meer, wo viele Gefahren und böse Piraten lauerten. In unmittelbarer Nähe zum Festland konnte das riesige Netz bewegt werden. Denn der Pfahlbau wurde direkt auf den Felsen an der Küste platziert. Somit befanden sich die Fischer theoretisch noch auf dem Festland. Der Nachteil? Die Fischer, drei mussten es mindestens sein, waren manchmal tagelang mit dem Sichtfischen beschäftigt.

Auf einem *trabucco* selbst Fisch zu fangen, das kann man mit Matteo Silvestri versuchen. Er ist der Präsident einer Organisation, die sich um die Erhaltung und Vermittlung der maritimen Kultur des Gargano bemüht. Sein Großvater betrieb schon einen *trabucco* und ernährte so seine Familie. Matteo Silvestri kehrte nach dem Studium zurück nach Vieste, angespornt von der eigenen Familiengeschichte und dem Willen, das kulturelle Erbe der *trabucchi* für die nächsten Generationen zu bewahren.

Durch seine kleine Akademie gelingt ihm genau das. Ehemalige Fischer vermitteln ihr Wissen über die Konstruktion und Funktion des eigentümlichen Galgens an junge Menschen. Gemeinsam restaurieren sie die Stege, Antennen und Drehkreuze, damit immer mehr Pfahlbauten wieder funktionsfähig werden – wenn auch nur zum Schaufischen.

Adresse Baia di Molinella, 71019 Vieste | Anfahrt 100 Kilometer von Foggia am östlichsten Punkt des Gargano gelegen, über die SS 89 und die SP 53 | Öffnungszeiten von außen jederzeit, Schaufischen nach Vereinbarung unter Tel. +39/340/6848737 oder per E-Mail an info@trabucchidelgargano.org | Tipp Die Baia di Molinella, in der sich der *trabucco* befindet, bietet einen traumhaften Strand, der das ganze Jahr über von Sonnenanbetern aufgesucht wird.

1
101
100
Isole Tremiti
Peschici
75
Rodi Garganico
81
Ischitella
44
105
106
Vico del Gargano
111
Vieste
107
110
108
109
San Nicandro Garganico
15
Cagnano Varano
4
Apricena
62
Mattinata
San Marco in Lamis
San Giovanni Rotondo
86
61
San Severo
65
Monte Sant'Angelo
59
57
58
Manfredonia
A14
Lucera
54
35
34
33
FOGGIA
Margherita di Savoia
60
Troia
Trinitapoli
BARLETTA
26
Orta Nova
San Ferdinando di Puglia
99
TRANI
69
Cerignola
A14
98
11
28
Canosa di Puglia
3
Molfetta
Bisceglie
ANDRIA
Giovinazzo
A16
Corato
Terlizzi
83
Bitonto
Modugno
Ruvo di Puglia
Lavello
Palo del Colle
Melfi
Venosa
Rionero in Vulture
Acquaviva delle Fonti
Altamura
41
1
Santeramo in Colle
Gravina in Puglia
Avigliano
Matera
POTENZA
Laterza
N
Ginosa
0
15 km

2
3
BARI
Capurso
Mola di Bari
Polignano a Mare
Rutigliano
Casamassima
Monopoli
Turi
Castellana
Grotte
A14
Putignano
Fasano
Gioia del
Colle
Noci
Locorotondo
Cisternino
Ostuni
Carovigno
Martina
Franca
Castellaneta
Mottola
Ceglie
Messapica
San Vito
dei Normanni
BRINDISI
Massafra
Statte
Grottaglie
Francavilla
Fontana
Mesagne
TARANTO
Oria
San Pietro Vernotico
San Giorgio
Ionico
Torre Santa
Susanna
Squinzano
Talsano
Lizzano
Manduria
San Pancrazio
Salentino
Pulsano
LECCE
Leverano
Copertino
Nardò
Galatina
Galatone
Maglie
Otranto
Gallipoli
Casarano
Taviano
Ugento
Tricase
Presicce-Acquarica
N
0
15 km
6
8
9
10
7
17
77
76
29
70
18
25
22
42
68
96
97

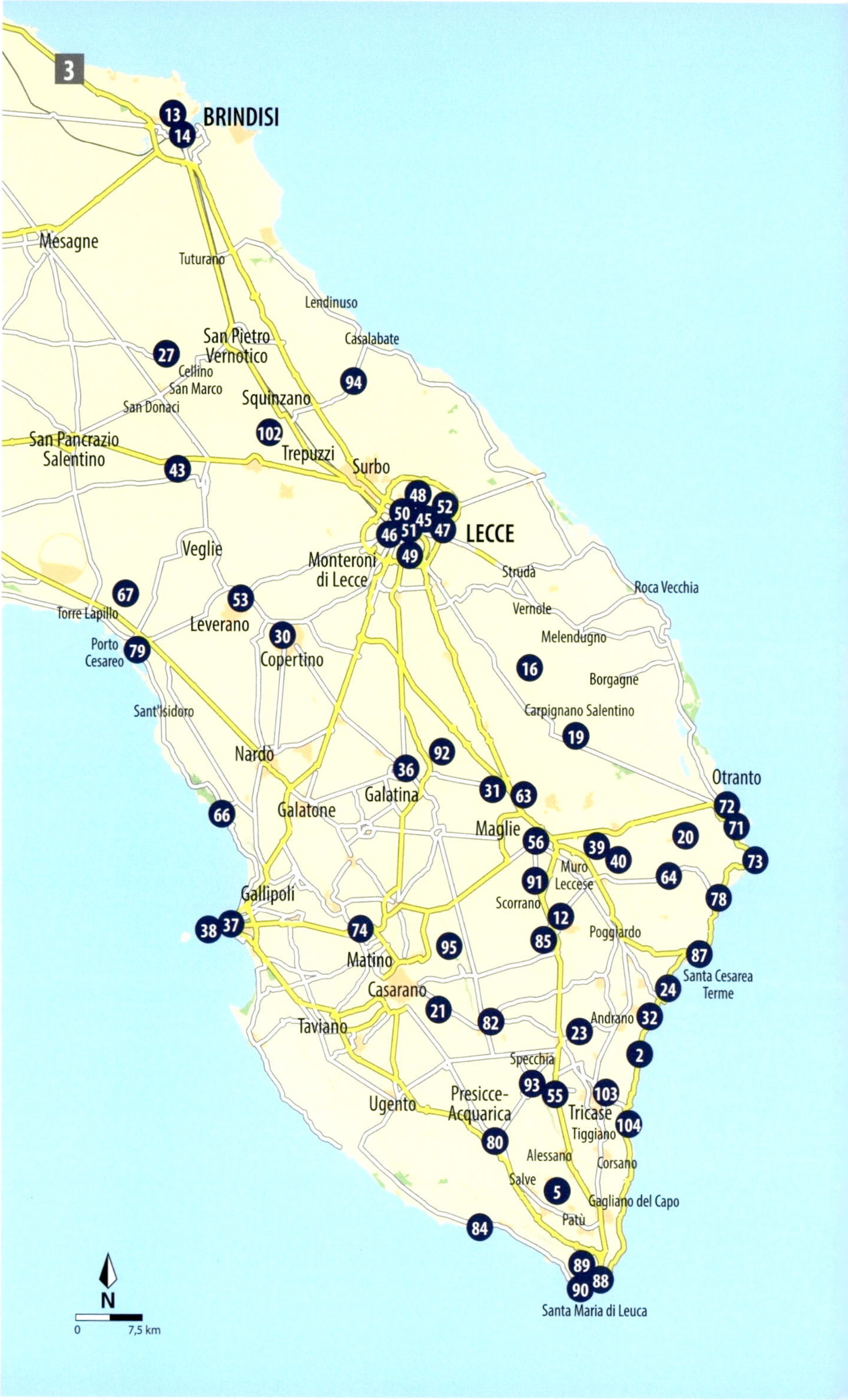
3
BRINDISI
Mesagne
Tuturano
Lendinuso
San Pietro Vernotico
Casalabate
Cellino San Marco
San Donaci
Squinzano
San Pancrazio Salentino
Trepuzzi
Surbo
LECCE
Veglie
Monteroni di Lecce
Strudà
Roca Vecchia
Torre Lapillo
Leverano
Vernole
Melendugno
Porto Cesareo
Copertino
Borgagne
Sant'Isidoro
Carpignano Salentino
Nardò
Otranto
Galatina
Galatone
Maglie
Muro Leccese
Gallipoli
Scorrano
Poggiardo
Matino
Santa Cesarea Terme
Casarano
Andrano
Taviano
Specchia
Presicce-Acquarica
Ugento
Tricase
Tiggiano
Alessano
Corsano
Salve
Gagliano del Capo
Patù
Santa Maria di Leuca
N
0
7,5 km
13
14
27
94
102
43
48
52
50
45
51
47
46
49
67
53
30
79
16
19
92
36
31
63
66
72
71
20
56
39
40
73
91
64
78
12
38
37
74
85
95
87
24
21
82
32
23
2
93
55
103
104
80
5
84
89
88
90

Jörg Dauscher
111 Orte in Bozen, die man gesehen haben muss
ISBN 978-3-7408-1897-5

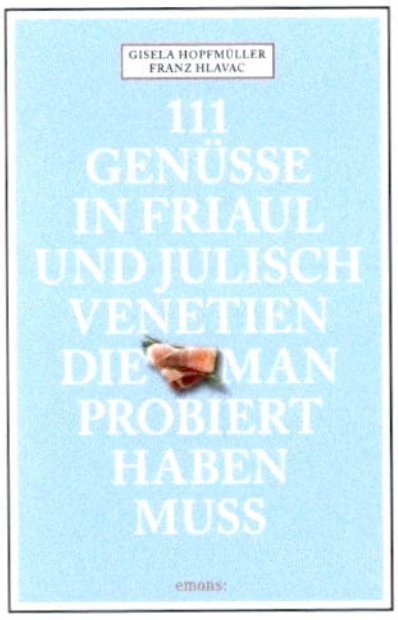

Gisela Hopfmüller, Franz Hlavac
111 Genüsse in Friaul und Julisch Venetien, die man probiert haben muss
ISBN 978-3-7408-2022-0

Eileen Stiller
111 Orte auf Sizilien, die man gesehen haben muss
ISBN 978-3-7408-1424-3

Insa Hohmann, Katharina Hohmann, Fritz von Klinggräff
111 Orte am Lago Maggiore, die man gesehen haben muss
ISBN 978-3-7408-2118-0

Giulia Castelli Gattinara
111 Orte in den Dolomiten, die man gesehen haben muss
ISBN 978-3-7408-1972-9

Gianni Montieri, Anna Toscano
111 Orte in Venedig, die man gesehen haben muss
ISBN 978-3-7408-1986-6

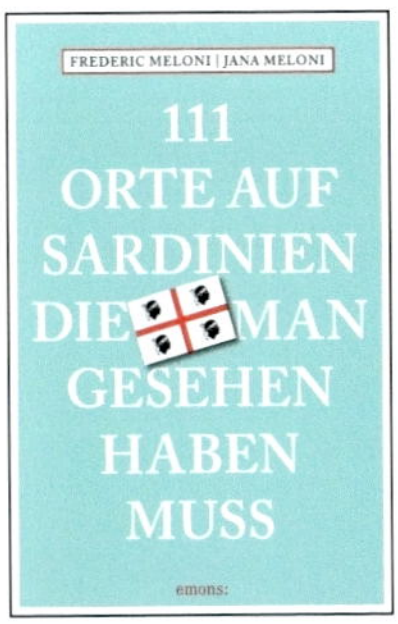

Federico Meloni, Jana Meloni
111 Orte auf Sardinien, die man gesehen haben muss
ISBN 978-3-7408-1997-2

Ulrich Kohlmann
111 Weinorte in der Toskana, die man gesehen haben muss
ISBN 978-3-7408-1741-1

Beate C. Kirchner
111 Orte in Florenz und im Norden der Toskana, die man gesehen haben muss
ISBN 978-3-7408-1630-8

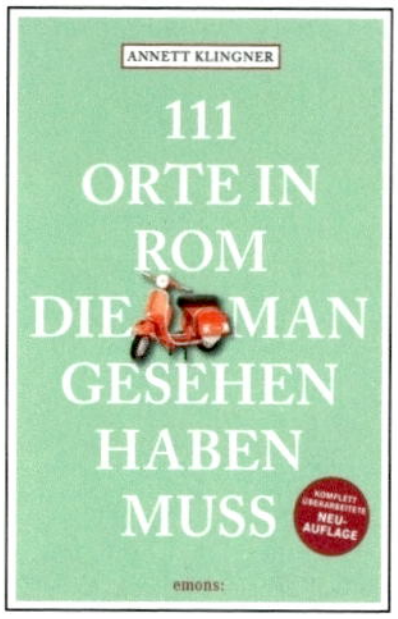

Annett Klingner
111 Orte in Rom, die man gesehen haben muss
ISBN 978-3-7408-1628-5

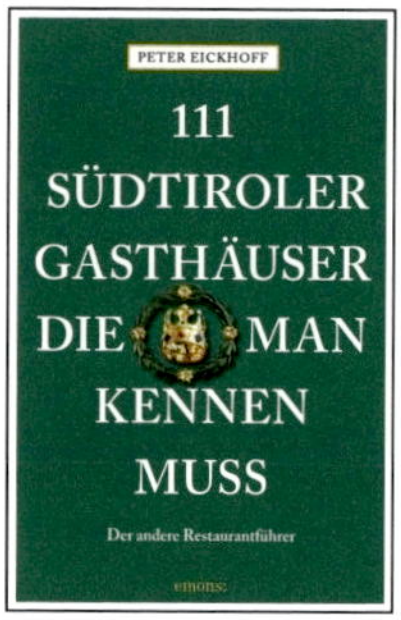

Peter Eickhoff
111 Südtiroler Gasthäuser, die man kennen muss
ISBN 978-3-7408-0137-3

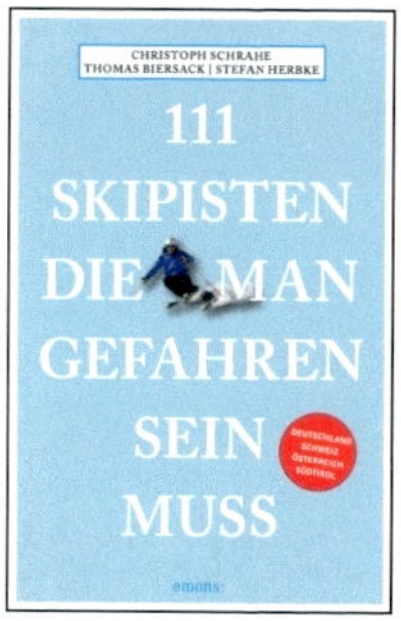

Christoph Schrahe, Stefan Herbke, Thomas Biersack
111 Skipisten, die man gefahren sein muss
ISBN 978-3-7408-1600-1

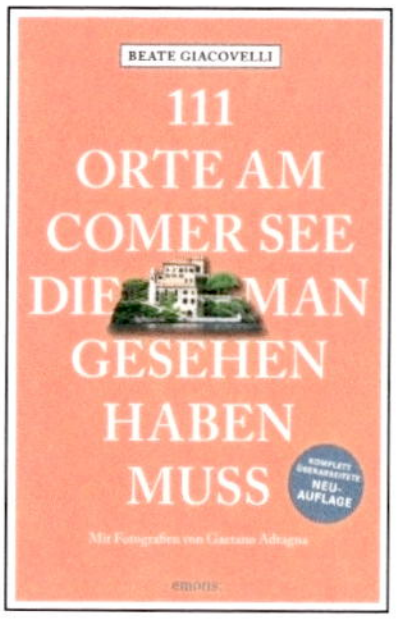

Beate Giacovelli
111 Orte am Comer See, die man gesehen haben muss
ISBN 978-3-7408-1201-0

Annett Klingner
55 1/2 Orte im Vatikan, die man gesehen haben muss
ISBN 978-3-7408-0869-3

Max Fleschhut
111 Orte auf Elba, die man gesehen haben muss
ISBN 978-3-7408-0587-6

Franz Hlavac, Gisela Hopfmüller
111 Orte in Friaul und Julisch Venetien, die man gesehen haben muss
ISBN 978-3-7408-0575-3

Petra Sophia Zimmermann
111 Orte am Gardasee und in Verona, die man gesehen haben muss
ISBN 978-3-95451-344-4

Natalino Russo
111 Orte in Neapel, die man gesehen haben muss
ISBN 978-3-7408-0478-7

Alessandro Martini,
Maurizio Francesconi
111 Orte in Langhe, Roero und Monferrato, die man gesehen haben muss
ISBN 978-3-7408-0474-9

Sabine Gruber, Peter Eickhoff
111 Orte in Südtirol, die man gesehen haben muss
ISBN 978-3-95451-318-5

Marx de Morais
111 Orte in Turin und im Piemont, die man gesehen haben muss
ISBN 978-3-95451-736-7

Fabrizio Ardito
111 Orte in Umbrien, die man gesehen haben muss
ISBN 978-3-7408-0238-7

Luisanna Messeri
111 Rezepte aus Italien, die man gekocht haben muss
ISBN 978-3-95451-863-0

Marcus X. Schmid
111 Orte in der Bretagne, die man gesehen haben muss
ISBN 978-3-7408-2262-0

Ralf Nestmeyer
111 Orte an der Côte d'Azur, die man gesehen haben muss
ISBN 978-3-7408-2020-6

Ralf Nestmeyer
111 Orte in der Provence, die man gesehen haben muss
ISBN 978-3-7408-1960-6

Andreas Drouve
111 Orte am Jakobsweg, die man gesehen haben muss
ISBN 978-3-7408-1092-4

Daria Rizzello ist promovierte Literaturwissenschaftlerin und lebt im hohen Norden Deutschlands. Seit ihrer frühen Kindheit verbringt sie so viel Zeit wie möglich bei ihren Verwandten im tiefen Süden Italiens, in Apulien, und geht hier immer wieder neu auf Entdeckungsreise.

Danksagung

Ganz besondere Anerkennung gilt meinem Bruder und meinem Partner. Beide haben mich während jeder Entstehungsphase dieses Buches tatkräftig unterstützt. Grazie mille!
Für die hilfreichen Anregungen und die vielen Hinweise danke ich den nachfolgenden Personen ganz herzlich: Johannes Westerkamp, Paola Viniello, Rebecca und Sara Rossetti, Elisa und Gabriella De Blasi, Serena Merico, Michele Turco, Virginia Carrozzo und Salvatore Bono, Monica Colavitti, Salvatore Maggio, Lisa Betz, Maria Vasciaveo, Angela Ponzo, Maria Giannini sowie Claudia Lezzi.

Ranka Keser
111 Orte in Kroatien, die man gesehen haben muss
ISBN 978-3-7408-0557-9

Fabrizio Ardito
111 Orte auf Malta, die man gesehen haben muss
ISBN 978-3-7408-0356-8

Catrin Ponciano
111 Orte in Porto, die man gesehen haben muss
ISBN 978-3-7408-1978-1

Catrin Ponciano
111 Orte an der Algarve, die man gesehen haben muss
ISBN 978-3-7408-1837-1

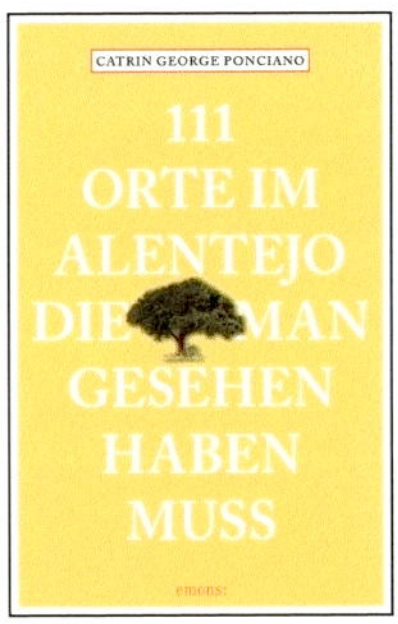

Catrin Ponciano
111 Orte im Alentejo, die man gesehen haben muss
ISBN 978-3-7408-1067-2

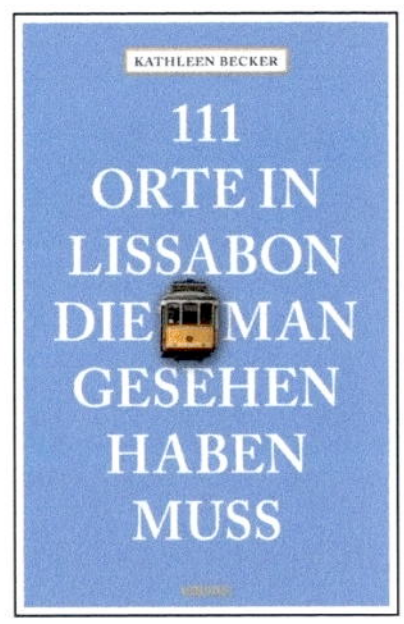

Kathleen Becker
111 Orte in Lissabon, die man gesehen haben muss
ISBN 978-3-7408-0244-8

Andreas Drouve
111 Orte im Baskenland, die man gesehen haben muss
ISBN 978-3-7408-2023-7

Robert Zsolnay
111 Orte auf Ibiza und Formentera, die man gesehen haben muss
ISBN 978-3-7408-1979-8

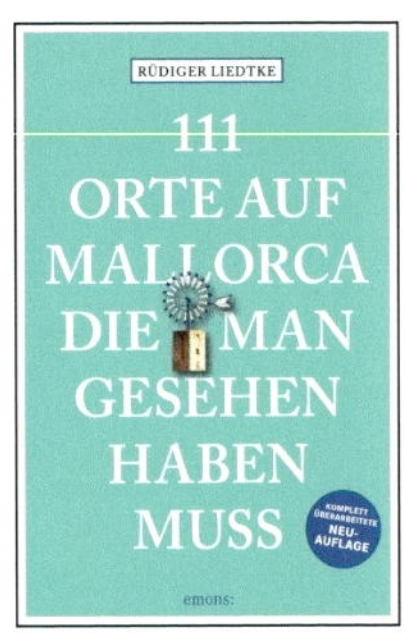

Rüdiger Liedtke
111 Orte auf Mallorca, die man gesehen haben muss
ISBN 978-3-7408-2239-2